我家孩子为什么这样做

[日]小笠原惠——著
[日]矶崎乐——绘
叶韦利——译

群言出版社
QUNYAN PRESS
·北京·

图书在版编目（CIP）数据

我家孩子为什么这样做 /（日）小笠原惠著；（日）矶崎乐绘；叶韦利译. -- 北京：群言出版社，2020.4
ISBN 978-7-5193-0589-5

Ⅰ.①我… Ⅱ.①小… ②矶… ③叶… Ⅲ.①儿童教育－家庭教育 Ⅳ.① G782

中国版本图书馆 CIP 数据核字（2020）第 014506 号

UCHI NO KO NANDE DEKINAINO？OYAKO WO SUKUU 40 NO HINTO
by OGASAHARA Kei
Copyright © 2011 OGASAHARA Mitsunari/ Bungeishunju Ltd.
All rights reserved.
Original Japanese edition published by Bungeishunju Ltd., Japan in 2011.
Chinese (in simplified character only) translation rights in PRC reserved by Beijing Standway Books Co., Ltd., under the license granted by OGASAHARA Mitsunari, Japan arranged with Bungeishunju Ltd., Japan through Bardon-Chinese Media Agency, Taiwan.

责任编辑：	张碧英
封面设计：	王 喆
出版发行	群言出版社
地　　址	北京市东城区东厂胡同北巷 1 号（100006）
网　　址	www.qypublish.com（官网书城）
电子信箱	qunyancbs@126.com
联系电话	010-65267783　65263836
经　　销	全国新华书店
印　　刷	天津中印联印务有限公司
版　　次	2020 年 4 月第 1 版　2020 年 4 月第 1 次印刷
开　　本	880mm×1230mm　1/32
印　　张	6.5
字　　数	97 千字
书　　号	ISBN 978-7-5193-0589-5
定　　价	42.00 元

【版权所有，侵权必究】

如有印装质量问题，请与本社发行部联系调换，电话：010-65263836

前　言

我之所以写这本书，是来自三个想法。

在育儿过程中我们经常希望孩子"这么做"，或是想教出"这样的"孩子，却往往力不从心。

遇到这种状况，我们首先想到的大概都是训斥或是劝说小孩，要不然就强制孩子要"这样做"。然而，我们一转移视线孩子就故态复萌，真不知道应该如何是好。

这时候最重要的就是转个念头，从一味想着"为什么会这样"转向站在孩子的立场来思考。这么一来，便能借此了解孩子无法用语言表达清楚的诉求，或是大人原先很难想象的心思。一想到可以理解孩子想表达的几种可能，就令人深感欣慰。

我写这本书的第一个目的，就是**希望家长能察觉到孩子们无法完整表达的情绪。**

即使是成人，也会有一些再怎么努力也做不好的事。

有一些事情，用一般的方法永远做不好。例如，我是路痴，常让人想直接塞本地图给我。第一次去的地方我保证不能顺利到达，就算之前去过，第二次造访时我还是担心得不得了，怕自己找不到。因此，我会拼命找方法，努力去想要怎么样才能顺利抵达。

我想每个人多多少少都有不擅长的事情。不影响日常生活的话其实也没什么问题，如果能避免，尽量避免就行了。另外，遇到困难时若是知道该怎么下功夫克服，也是可以从容应对的。

不过万一问题严重到影响生活，又不知道该怎么来弥补这些短处，再加上有些问题无可避免时，生活就会越来越失序。

先不管影响程度上的轻重，想从根本上弥补这些短处，其实没那么容易。想用多数人做得到的方法或学习模式，来面对不擅长的部分，无论当事人或身边的人都会感到很大的压力。

要在这种状况下保持弹性思考，试着下功夫弥补缺点，脑中就必须具备很多创意。我写这本书的另一个目的，就是**希望能让父母从中多找到一些灵感与启发。**

最后一个目的，是孩子露出"做到了"的心满意足的表情实在太动人。每次看到那张脸，就证明孩子努力向着"做到了"的目标前进。**与其斥责做不到的孩子，不如尽量提供良好的环境，对孩子说："做到了！""好棒！"**我认为这是为人父母最大的喜悦。正因为有这样的信念，我写了这本书。

希望各位父母能在本书中找到任何有助于育儿的灵感。

目　录

40 个教养诀窍

01 孩子对想要的东西不死心，还容易发脾气
重点 1　事先告诉孩子到超市去要买些什么 ········· 005
重点 2　孩子一哭闹，家长应尽快离开现场 ········· 006

02 孩子会把幼儿园的东西带回家
重点 1　和孩子一起整理，第二天确认东西在同一个的地方
　　　　··· 009
重点 2　跟孩子定下规则，在幼儿园玩的东西不能带回家
　　　　··· 010

03 孩子不遵守秩序
重点 1　指导孩子从哪里开始排队 ························· 013
重点 2　让孩子在游戏中体验遵守秩序 ··················· 014

04 孩子经常走丢
重点 1　让孩子在离开之前征求大人的同意 ··········· 017
重点 2　事先和孩子讨论并决定碰面的地点 ··········· 018

05 孩子经常受伤
重点 1 在孩子的日常生活中加入需要控制动作的运动……021
重点 2 事先向孩子预告可能的危险……022

06 孩子特别不服输
重点 1 教导孩子"没关系,算了吧""下次再加油"……025
重点 2 让孩子体会除了输赢之外也能获得成就感……026

07 孩子不会切换时间和情绪
重点 1 换个角度沟通,帮孩子切换情绪……029
重点 2 事先告诉孩子什么时候应该做什么事情……030

08 孩子常不了解对方的情绪或状况
重点 1 让孩子了解对方的情绪或状况……033
重点 2 告诉孩子该怎么做……034

09 孩子总爱一股脑儿地说自己喜欢的事情
重点 1 别被孩子的节奏牵着走……037
重点 2 找准时机向孩子提问并给出选项……038

10 孩子经常一个人玩
重点 1 尊重孩子的节奏……041
重点 2 从孩子感兴趣的事情着手,逐渐增加他和别人的互动……042

11 孩子不肯睡觉
重点 1 设计令孩子期待的小仪式 ⋯⋯⋯⋯⋯⋯⋯⋯⋯ 045
重点 2 重新检视孩子的睡眠环境 ⋯⋯⋯⋯⋯⋯⋯⋯⋯ 046

12 孩子非常挑食
重点 1 尝试改变调味、装盘及烹调方法 ⋯⋯⋯⋯⋯⋯ 049
重点 2 用交换条件的方式——先吃不喜欢的食物才能吃喜欢的
⋯⋯⋯⋯⋯⋯⋯⋯⋯⋯⋯⋯⋯⋯⋯⋯⋯⋯⋯⋯⋯⋯⋯ 050

13 孩子总是离不开妈妈
重点 1 和孩子分开时有个独特的仪式 ⋯⋯⋯⋯⋯⋯⋯ 053
重点 2 告诉孩子妈妈离开后要去哪里，什么时候回来 ⋯⋯ 054

14 孩子不会自己换衣服
重点 1 在服装上多花点心思，弥补孩子不熟练的不足 ⋯ 057
重点 2 判断孩子在哪个步骤碰壁，并在这个步骤上协助他
⋯⋯⋯⋯⋯⋯⋯⋯⋯⋯⋯⋯⋯⋯⋯⋯⋯⋯⋯⋯⋯⋯⋯ 058

15 孩子吃饭花太多时间
重点 1 把餐桌上看似吸引孩子的东西收拾干净 ⋯⋯⋯⋯ 061
重点 2 事先约定吃完饭的时间，或是吃完饭要做什么事
⋯⋯⋯⋯⋯⋯⋯⋯⋯⋯⋯⋯⋯⋯⋯⋯⋯⋯⋯⋯⋯⋯⋯ 062

16 孩子无法养成每日习惯
重点1 让孩子了解具体该做什么，重复让孩子体会"做到"
的经验 ·············· 065
重点2 想办法让孩子记住他总是忘记的事 ·············· 066

17 孩子不会巧妙运用双手
重点1 在工具和用法上花点巧思 ·············· 069
重点2 不要只用言语指导孩子，试着从旁协助 ·············· 070

18 孩子口齿不清
重点1 让孩子练习多动嘴巴 ·············· 073
重点2 到专业机构检查一下孩子的状况 ·············· 074

19 孩子不会整理自己的物品
重点1 在家中确定一处简单整理收放的场所 ·············· 077
重点2 当孩子整理完适度给予奖励 ·············· 078

20 孩子不遵守跟朋友的约定
重点1 让孩子养成记下重要事项的习惯 ·············· 081
重点2 教导孩子需要为忘记的事情负责任 ·············· 082

21 孩子一生气就动手
重点1 教导孩子该怎么做的理想方式 ……………………… 085
重点2 花工夫思考孩子该如何控制情绪 ………………… 086

22 即使下了指示孩子也不会马上去做
重点1 确认孩子经常在什么样的状况下反问 …………… 089
重点2 找到容易让孩子了解的沟通方式，并告诉老师…… 090

23 孩子说起话来天马行空
重点1 告诉孩子对方了解到什么程度，以及不知道哪些事
……………………………………………………… 093
重点2 让孩子通过游戏练习表达能力 …………………… 094

24 孩子经常误解别人的意思
重点1 教导孩子约定的方法 ……………………………… 097
重点2 教导孩子确认的方法 ……………………………… 098

25 孩子经常丢三落四
重点1 让孩子少带一点东西，或约定一个地方放不能
忘记的东西 ………………………………………… 101
重点2 花点心思让孩子记住 ……………………………… 102

26 孩子动不动就耍赖
- 重点1　妥善地处理孩子耍赖 …………………………………… 105
- 重点2　接受孩子的情绪 ………………………………………… 106

27 孩子面对多项指示时没办法全都做好
- 重点1　希望孩子做的事一件件依序指示 ……………………… 109
- 重点2　确认孩子是否记得交代的事情 ………………………… 110

28 孩子总是不安分地动来动去
- 重点1　让孩子养成在行动前先征得大人同意的习惯 ……… 113
- 重点2　让孩子意识到自己的行为 ……………………………… 114

29 孩子一个人做事没有进展
- 重点1　和孩子一起想象完成后的状况 ………………………… 117
- 重点2　和孩子一起梳理完成作业的步骤 ……………………… 118

30 孩子有完美主义倾向
- 重点1　教导孩子"没关系，算了吧" …………………………… 121
- 重点2　帮助孩子设定可能实现的目标 ………………………… 122

31 孩子不遵守家规
- 重点1　在孩子确实遵守之前不可以破例 ……………………… 125
- 重点2　以具体的形式让孩子了解规则 ………………………… 126

32 孩子总是借口很多
- 重点1 接受孩子失败的理由 ········ 129
- 重点2 教导孩子理想的道歉方式 ········ 130

33 孩子不会决定事情的优先级
- 重点1 陪孩子制订计划，决定事情顺序 ········ 133
- 重点2 利用计时工具向孩子说明什么事要在几点之前做完 ········ 134

34 孩子一个人时就不用功
- 重点1 改善孩子的学习环境 ········ 137
- 重点2 必须完成的事情定好先后顺序 ········ 138

35 孩子经常感觉被欺负
- 重点1 先接纳孩子的情绪 ········ 141
- 重点2 在孩子擅长的领域中制造发挥所长的机会 ········ 142

36 孩子经常半途而废
- 重点1 让孩子逐渐累积微小的成果 ········ 145
- 重点2 让孩子选择自己能力所及的事 ········ 146

37 孩子无法拒绝不喜欢的事
- 重点1 教导孩子拒绝的方法 ········ 149
- 重点2 告诉孩子拒绝之后朋友会有什么反应 ········ 150

38 孩子经常乱花钱
- 重点 1　花心思培养孩子的金钱观念 ⋯⋯⋯⋯⋯⋯ 153
- 重点 2　在家中贯彻金钱管理的理念 ⋯⋯⋯⋯⋯⋯ 154

39 孩子容易喜新厌旧
- 重点 1　让孩子针对活动订立计划 ⋯⋯⋯⋯⋯⋯⋯ 157
- 重点 2　将整体任务分成多个部分 ⋯⋯⋯⋯⋯⋯⋯ 158

40 孩子对环境特别敏感
- 重点 1　观察孩子的状况，了解孩子不舒服的原因 ⋯⋯ 161
- 重点 2　思考如何帮孩子减轻不适 ⋯⋯⋯⋯⋯⋯⋯ 162

直面亲子互动关键区
- 重点 1　有时候要从孩子的角度来思考问题 ⋯⋯⋯⋯ 165
- 重点 2　有时候以大人的节奏来处理 ⋯⋯⋯⋯⋯⋯ 166
- 重点 3　养成习惯，必须持之以恒 ⋯⋯⋯⋯⋯⋯⋯ 167
- 重点 4　累积"做得到"的经验突破瓶颈 ⋯⋯⋯⋯⋯ 168
- 重点 5　"没关系，算了吧"是一句有魔法的话 ⋯⋯ 169
- 重点 6　比起训斥，更重要的是教导孩子该怎么做 ⋯ 170
- 重点 7　孩子的学习模式各有不同 ⋯⋯⋯⋯⋯⋯⋯ 171
- 重点 8　可找专家讨论，寻求其他人的协助与配合 ⋯ 172

解决孩子成长难题

Q1 遇到孩子不听话,我都忍不住生气,难道真的不能训斥孩子吗? ………… 175

Q2 我也知道称赞孩子很好,却不懂得该怎么称赞才恰当? ………… 177

Q3 我们家孩子就跟书上讲的一样,有一些"问题",一直令我很担心。如果这类行为很多,是不是可能妨碍孩子发展呢? ………… 179

Q4 该怎么样才知道是否对孩子发展构成障碍呢? ………… 181

Q5 到医院可以做些什么? ………… 182

Q6 学校老师说我的孩子可能有发展障碍,建议尽快到医院或咨询机构去看看。请问应该立刻去吗? ………… 184

Q7 该怎么做才能获得幼儿园或学校的理解? ………… 185

后记 ………… 187

40个教养诀窍

01

孩子对想要的东西不死心，还容易发脾气

小美跟妈妈到超市购买晚餐食材时，**每次到了零食区附近都会跑到有她喜欢的卡通人物包装的零食前面。**起先她只是拿起来看看，妈妈看她在原地一动也不动，就告诉她："今天不可以买。"结果小美就哭了起来。

妈妈要是说"回家了""哭也没用"或者"不要太过分"，**她就越哭越大声，还不停地跺脚耍赖，**越来越激烈，最后引来其他顾客或店员瞩目。到百货公司购物时，同样的状况也会上演。

妈妈试图把小美带离现场，但是她哭得越来越大声，几近尖叫着喊道："不要！""我讨厌妈妈！"顾虑到其他人的异样眼光，妈妈最后只好认输："好吧，只有今天。"

原来孩子是这样想的

- 我就是想要啊！
- 错过今天就不知道什么时候才能买。
- 该怎么样做才能让妈妈买给我呢？
- 对了！大哭一下妈妈就会给我买了。

重点1 事先告诉孩子到超市去要买些什么

把这张购物单交给我!

我们要去买晚餐的材料。有马铃薯、胡萝卜、洋葱……

利用购物清单,让孩子负责检查的工作,会比较容易订出计划。

重点在于事先约定。

拉勾勾……

今天不买口香糖。

口香糖等到星期天去奶奶家的时候再买。

孩子遵守约定就给予奖励。

重点2 孩子一哭闹，家长应尽快离开现场

真受不了，只有今天哦……

我要买，我要买！

若孩子一发脾气家长就顺从，往后就越来越难用"只有今天"来解决。

妈妈在外面等你哦。

告诉孩子自己在哪儿等她，然后离开现场。但是一定要让孩子始终在自己的视线范围内，确保孩子的安全，谨防孩子走失……

· 小贴士 ·

如果终究会给孩子买她想要的东西，就别在孩子耍赖发脾气之后才买，最好一开始先买孩子想要的东西，之后再一起享受购物之乐，这样彼此也会比较开心。

02

孩子会把幼儿园的东西带回家

小阳每天都很期待去幼儿园。不过，回家时，他经常会把幼儿园的玩具带回来，大人怎么讲都不听。而他带回家的多半都是当天玩过的一件玩具，有的玩具是幼儿园才有的，但有时候他带回来的却是家里也有的玩具。只要大人一不注意，**他就会把幼儿园的玩具塞进口袋或书包里**。不过，遇到把玩具带回家的状况，第二天大人要他归还时，他倒是毫不抗拒乖乖地归还。

妈妈看到小阳想把玩具塞进口袋或书包时，会从他手中拿过来，还给老师并致歉。

原来孩子是这样想的

- 真担心明天幼儿园里还会不会有同样的玩具。
- 带回家之后在家里也玩得到。
- 把玩具带回家是不对的吗？

重点1　和孩子一起整理，第二天确认东西在同一个地方

重点2　跟孩子定下规则，在幼儿园玩的东西不能带回家

使用"规定""规则"这些字眼。

家里刚刚买了一本新的绘本。

幼儿园有规定，幼儿园的东西不能带回家，快点儿放回架子上。

我要带回家！

巧妙转移注意力

××幼儿园

请幼儿园在各项物品上贴上"财产贴纸"，也是一种有效的做法。

· 小贴士 ·

幼儿有时会误以为从眼前消失的东西会永远看不见。此外，如果由大人致歉，就失去了让孩子了解规则，以及让孩子为自己行为负责的好机会。

03

孩子不遵守秩序

小良很期待星期天跟爸爸去公园玩。不过，**看到其他小朋友排队玩滑梯，他却从来不排队，而是直接从旁边插队**。如果秋千上已经有别的小朋友，他照样走过去把秋千停下来，然后硬把其他小朋友从秋千上拉下来。听说他在幼儿园也经常不遵守秩序。例如，在外面玩了一会儿，回到园里要洗手时，即便洗手台前有其他小朋友先到，小良也会插队，把正在洗手的小朋友推开，自己先洗手。

看到小良不遵守秩序时，大人会提醒他："不可以这样！""要遵守秩序呀！"

原来孩子是这样想的

- 什么叫作"遵守秩序"？
- 我想快点玩滑梯啊！

重点1　指导孩子从哪里开始排队

不可以插队！

指导孩子该怎么做。

要排在最后面。

看看自己后面有没有人。

○　一开始先牵着孩子的手，陪他一起排队。

重点2 让孩子在游戏中体验遵守秩序

用点方法让孩子了解秩序。

谁拿到红色球就轮到谁。

红色球！轮到我了。

好棒。能遵守秩序。

当孩子学会遵守秩序时给予孩子一些奖励。

· 小贴士 ·

对一些孩子来说，"秩序"这种看不见的抽象规则并不容易理解。即使大人认为"这是理所当然"的事，有时候也需要让孩子从实际体验中来学习。

04

孩子经常走丢

小和跟家人外出时,**经常会趁大人不注意自己跑到其他地方。**例如,到超市购物时,一走进卖场他就东张西望。"啊!气球!"一旦有所发现他就自行跑掉。在后面追赶的妈妈以为小和会往气球所在的地方去,到了那里却没看见人,后来才发现他在零食区四处张望。这种状况重复几次之后,连妈妈都找不到小和了。

参加活动或外出旅游时,小和也经常跟家人走散,得靠广播找人,或是到派出所领回孩子,这种状况多到数不清。

小和的妈妈在外出时通常会紧紧牵着小和的手，但有时候一疏忽，小和就跑掉了，妈妈只好大喊着他的名字在后面紧追。

原来孩子是这样想的

- 超市有好多好玩的东西！
- 妈妈追上来了。是要跟我玩"你追我跑"吗？
- 我不知道自己跑到哪里了。

重点1 让孩子在离开之前征求大人的同意

在孩子行动之前就阻止。

啊！有烟火！

要去哪里啊？

可以去看烟火吗？

让孩子养成征求同意的习惯！

重点2 事先和孩子讨论并决定碰面的地点

> 万一跟妈妈走散了,就到柜台大姐姐这边来。

> 好,到柜台。

教导孩子一旦走失要向谁求救,这也很重要。

· 小贴士 ·

当孩子直接冲向感兴趣的事物时,即便爸妈紧追在后,孩子也已经达到目的。这种状况反复多次之后,孩子会变得不容易守规矩,一想到什么就马上有动作。重点是要在孩子行动前阻止。

05

孩子经常受伤

即使在**地势相对平坦，没什么坡度或障碍的地方，小功也经常跌倒，或造成手脚擦伤**。此外，他不太注意眼前的东西，经常碰到。妈妈跟他一起在公园玩时，发现他东张西望地奔跑，一不小心就因为撞到秋千之类的游乐设施或是其他人而跌倒。他有时到商店也会因为没发现**店门是手动的就直接撞上去，甚至撞到流鼻血**。一旦他发现感兴趣的东西，就完全不顾周围状况，经常会撞倒店内堆放的购物篮，或者陈列的商品。

妈妈认为就算东张西望，也不可能注意不到眼前的东西，因此每次小功撞到或受伤时，总不断责备他："都是因为你不小心。"

原来孩子是这样想的

- ◆ 我为什么会跌倒呢？
- ◆ 我前面有门吗？
- ◆ 咦？是我弄倒的吗？

重点 1　在孩子的日常生活中加入需要控制动作的运动

在公园里

一二三，木头人！

练习停止。

提高对自己身体的认知。

在家里

跟其他人一起端东西。

重点2　事先向孩子预告可能的危险

·小贴士·

孩子平时注意的范围不如大人想象中的广泛。有时注意力集中在某件事情上，便对周遭视而不见、毫无察觉。此外，有些孩子并不擅长突然停止或是在危险时自我保护。

06 孩子特别不服输

小俊自从上幼儿园之后，似乎特别在乎输赢，总想得第一。**赛跑眼看快要输掉时，他会把隔壁跑道的小朋友推倒；猜拳也会慢出。**不仅在这些胜负分明的事情上，就连老师发色纸或洗手这些日常生活中的小事情，他也会为了抢第一而推开排在前面的小朋友。**即使是在家玩球，发现自己快输时，他也会要求"再玩一次"或是想改变规则。**姐姐说他"这样太不讲道理了"，他还回嘴"才没有"，然后两人就吵起来。

小俊在幼儿园第一次参加运动会时获得优胜，爸爸不但称赞他，还买了他想要的玩具送他。

原来孩子是这样想的

- 如果没拿到第一名，没赢得优胜，就得不到爸爸的奖励吧？
- 不知道如果输给别人，该怎么办才好。

重点1 教导孩子"没关系，算了吧""下次再加油"

啊，输掉了……

称赞孩子努力的过程，或是传授下次获胜的秘诀也是个好方法。

下次再加油！

我不甘心，居然输掉了！

努力跑了就好！下次试试把手臂挥高一点。

嗯？不要紧吗？

用"下次再加油""算了，没关系"来安抚情绪。

我出！

剪刀、石头、布！

啊，输掉了。算了，没关系……

重点 2　让孩子体会除了输赢之外也能获得成就感

> 在无关输赢的活动中，多一些称赞，让孩子有成就感。

能帮忙端饭真是太好了！

会帮妈妈的忙，真棒！

谢谢哥哥。

要像我这样折。

会照顾妹妹，好棒！

· 小贴士 ·

孩子的价值观多数能反映出大人的价值观。"失败为成功之母""败者为胜"这些话，也能让大人心情比较轻松。

07

孩子不会切换时间和情绪

小友擅长用大量的积木搭出大型建筑物或街景，除此之外，他也喜欢画画和折纸。没人打扰的话，他可以一个人专心画画或折纸一两个小时。问题是，即使到了吃饭或睡觉时间，他也不肯停下来。**硬要他停下来的话，他就会哭着把好不容易搭好的积木弄乱，或者把图画撕掉。**据老师说，他在幼儿园也出现同样的状况。

眼看着不肯结束的小友，妈妈感到很不耐烦。有时候会告诉他："不停下来的话，就不让吃饭了！"或者，"再不听话，明天就把积木全扔掉！"

原来孩子是这样想的

- 再等一下就好。
- 突然叫我，我也没办法马上停下来呀。
- 妈妈虽然说"要把积木丢掉"，其实她一定不会这么做。

重点1 换个角度沟通，帮孩子切换情绪

隧道快搭好了吧！吃过饭再叫爸爸来看。

还剩一点点。

吃过饭之后再接着盖。

帮孩子切换情绪时说的话很重要。

再折几只就结束呢？一只还是两只？

再折两只。

让孩子决定何时结束也很有效。

孩子若能乖乖结束，便给予称赞。

重点2　事先告诉孩子什么时候应该做什么事情

> 计时器"哔哔"叫的时候就要吃饭。

用可以看到时间运行的工具比较有效。

每个孩子学习转换所需的时间长短不同。

> **· 小贴士 ·**
>
> 　　三番两次说要把孩子的玩具丢掉，或是不准吃饭，实际上却办不到，几次下来孩子就知道反正大人不可能这么做。想要让"黄牌"产生效果，之后的"红牌"必须是真的。

08 孩子常不了解对方的情绪或状况

健吾经常不管周遭状况,坚持自己的想法。例如,看到朋友正在玩玩具,当他说"借我玩"却被朋友拒绝时,还会一厢情愿地说:"那我们猜拳决定谁可以玩"。或者到餐厅吃饭时,他看到其他餐厅也有的菜品时,会大声说出价格,比如:"某某餐厅的意大利肉酱面只要50元,这里要64元,贵了14元。"

爸爸在告诉健吾"不可以讲这种话"后，也尽可能地迅速带他离开现场。有些状况下，不管对方是小孩子或大人，爸爸都要说"抱歉""对不起"来赔礼。

原来孩子是这样想的

- 我没有说错话呀。
- 爸爸为什么要道歉？
- 我不知道应该怎么做才是对的。

重点1 让孩子了解对方的情绪或状况

才不想借你。

不要!

方向盘借我玩。

不然猜拳决定。

××少了方向盘就不能玩开公交车的游戏啦!

××不肯把方向盘借我玩。

说明对方的情绪或状况。

重点2　告诉孩子该怎么做

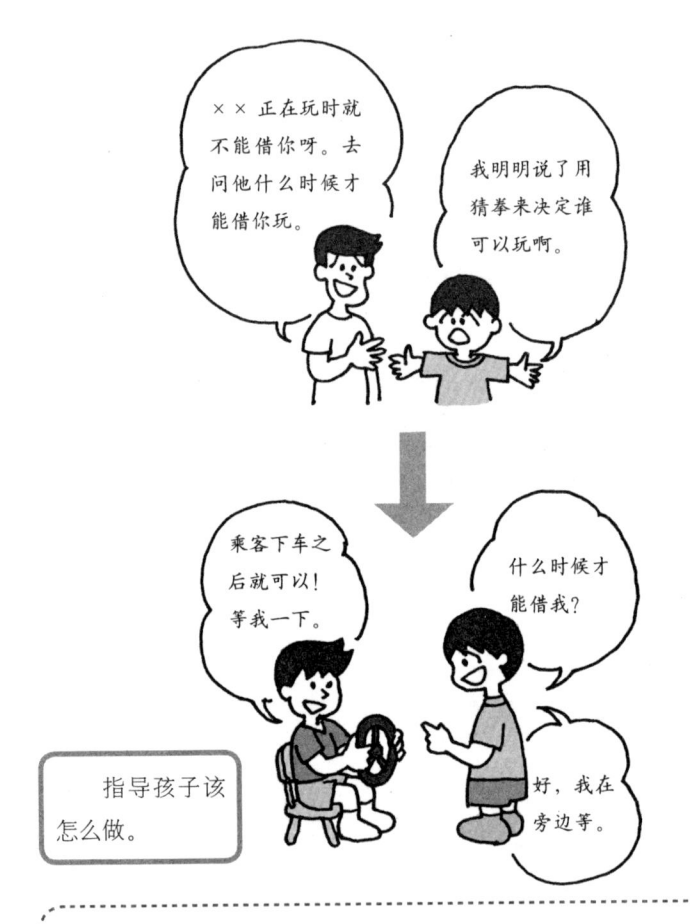

> ××正在玩时就不能借你呀。去问他什么时候才能借你玩。

> 我明明说了用猜拳来决定谁可以玩啊。

↓

> 乘客下车之后就可以！等我一下。

> 什么时候才能借我？

> 好，我在旁边等。

指导孩子该怎么做。

·小贴士·

很多时候，即使我们认为正确的事，如果当场明讲出来就会影响人际关系。把状况分析给孩子听，然后告诉孩子该怎么做，也就是面对这类状况时理想的分寸，这是非常重要的。

09 孩子总爱一股脑儿地说自己喜欢的事情

悠人很喜欢地铁。**只要一聊起地铁,他就滔滔不绝,侃侃而谈自己对地铁的丰富知识。**当爸爸问他:"想不想搭那班地铁?"他回答:"想。"接着就自顾自地说起来:"某线的地铁起点是某站……"除了他最喜欢的地铁话题之外,说起前一阵子远足或生日聚会的事时,若是爸爸问他"开不开心"或者提到"下次轮到帮小悠庆祝生日"时,**他就会打开话匣子,让其他人完全插不上话。**

看到悠人说得那么开心，爸爸只好适时应和，继续听他说完。

原来孩子是这样想的

- 我想一直说自己知道的事情。
- 听我把我想说的话都说完啊。
- 我已经先回答爸爸的问题了。

重点 1　别被孩子的节奏牵着走

那是××型的〇〇车种的火车……

再多听他说一会儿好了。

你想搭那种火车吗?

✕

家长别只顾着听。

过一会儿

……对哦,要画图。

来,接着画图吧。

○　把注意力转移到其他地方。

重点2 找准时机向孩子提问并给出选项

然后远足时搭了巴士……

猜谜语!

在巴士上做了什么?唱歌还是猜谜语?

原来是猜谜语啊!

我!

有谁回答了谜语?

哦!真厉害!

通过让孩子回答问题主导对话。

· 小贴士 ·

了解的知识未必能够用于对话或解决日常生活的问题。如果在日常对话中净听着孩子一股脑儿地说,或许这样并不能称为"沟通"。

10

孩子经常一个人玩

阿泰跟爸爸到公园玩时，**经常一个人在沙坑里挖沙子、灌水，或是找到小虫之后静静观察。**公园里很多小朋友荡秋千、爬铁格子或是玩滑梯，不管爸爸怎么劝阿泰，他都不肯过去跟大家一起玩。即便公园里有认识的邻居小朋友，阿泰也不会主动地接近。在幼儿园里也一样，大家邀请他玩捉迷藏、过家家，他都玩一小会儿就离开，然后**一个人在教室角落画画或读书。**

硬要阿泰融入其他的孩子们，或是找他跟别的小朋友一起玩游乐设施时，阿泰都只会说："不要！"爸爸只好坐在公园长椅上，看着阿泰自己一个人玩到腻。

原来孩子是这样想的

- 我不太知道要怎么玩球，跟捉迷藏一样，规则一下子就变了。
- 荡秋千跟滑滑梯都好恐怖。
- 我喜欢看着小虫子。

重点1 尊重孩子的节奏

将来说不定会成为昆虫博士。

他是不是在观察水分渗透的现象呢？

重点2　从孩子感兴趣的事情着手，逐渐增加他和别人的互动

> 爸爸在后面帮你推，跟大家一起荡秋千吧！

✕

从孩子感兴趣的地方着手。

○

> 爸爸可以跟你一起画吗？

> 好呀。

· 小贴士 ·

虽然大人认为孩子应该跟其他小朋友一起玩，或是玩大型游乐设施比较开心，但是不少孩子其实并不懂得玩法，或是不习惯一次面对太多人。与其强迫灌输大人的价值观，不如针对每个孩子的需求来转换想法。

11

孩子不肯睡觉

小步晚上不肯睡觉。通常过了晚上 10 点她仍说"还不想睡",不肯上床睡觉。**或者拿出喜欢的玩具来玩,或者若无其事地跟着妈妈一起看电视。**硬把她拉上床睡觉的话,她会手脚乱打乱踢,大喊着:"我不要!"要是这时爸爸下班回家,准备吃饭,小步就会到饭厅跟爸爸开心聊天,**结果到 11 点多才能睡觉。**上了幼儿园之后,在学校似乎也不爱午睡,早上 7 点钟妈妈叫她起床,她经常都起不来。

妈妈强迫小步去睡觉通常会遭到激烈的抵抗，久而久之也放弃了。但看着晚上11点多一上床没多久就累得睡着的小步，妈妈不禁心想：这样真的好吗？

原来孩子是这样想的

- 睡觉好可怕。房间黑漆漆的，而且感觉很奇怪。
- 醒着的时候有很多好玩的事情。
- 不知道爸爸几点才回家，我好担心。

重点1 设计令孩子期待的小仪式

先喝一杯热牛奶

晚上8点,该睡觉了。小熊维尼在等你。

晚安。

跟爸爸握手

读完一本绘本

把娃娃放在身边,关上灯

重点2　重新检视孩子的睡眠环境

声音
尽量保持安静。孩子可能会在意窸窸窣窣的声音。

光线
利用遮光窗帘等。

光源
睡前一小时左右关掉电视。

温度
不要过热、过冷，适宜的温度很重要。

压迫感
盖稍微有些重量的棉被可能会有利于睡眠。

· 小贴士 ·

很多人都以为婴幼儿只要困了就会自然睡着，其实不然。如果不调整家里环境，让孩子养成容易入睡的习惯，有些孩子会到很晚也不睡。良好的入睡习惯随着年龄增长会越来越难养成。

12 孩子非常挑食

小花很挑食，虽然能吃很多饭，但几乎不碰蔬菜、菇类或海菜。比方说，一碗豆腐加海带丝的味噌汤，喝完之后她会把海带丝留在碗里。吃咖喱饭或奶油炖菜时，最后也会剩下蔬菜。**如果吃的是加很多料的什锦蒸饭，她会把饭里的配菜全部挑出来之后才吃。**大人硬逼着她吃，她就会吐出来。虽然会吃肉类，但是如果有蔬菜的味道她就会吐掉。**她几乎不吃幼儿园的餐食，回到家之后会吃很多香蕉或橘子。**

妈妈心里想：至少让小花在家时可以吃自己喜欢的食物。所以平常餐盘里不会装小花讨厌的东西。而且妈妈怕小花肚子饿，还会帮她准备很多她喜欢的点心。

原来孩子是这样想的

- 我不喜欢吃蔬菜、菇类还有海带。
- 吃点心吃得好饱。
- 我最喜欢吃点心。

重点1 尝试改变调味、装盘及烹调方法

尝试改变烹调方法

跟孩子一起构想菜单

星期一想吃什么？星期二呢？

汉堡！

一起做菜

借由了解材料，让孩子对不喜欢或第一次认识的食物，稍稍降低抗拒的心理……

重点2 用交换条件的方式——先吃不喜欢的食物才能吃喜欢的

吃完饭还有甜点呢!

先吃一口青菜,然后就可以尽情吃米饭。

先从一口开始。

香蕉是饭后才能吃的!

肚子饿了。哇!有香蕉!

减少正餐以外的点心。孩子肚子饿的话,提前正餐时间也是一种方法。

· 小贴士 ·

非常挑食的孩子,容易让人担心,她们只吃自己喜欢的食物,这么一来,讨厌的食物就越来越不愿意吃,陷入恶性循环。在孩子小时候就让他尝试各种不同的食物,这是十分宝贵的经验。

13

孩子总是离不开妈妈

小直跟妈妈到公园玩时，从来不肯加入其他孩子的行列；**跟妈妈去有小朋友的亲戚家时，他也老黏在妈妈身边**。其他小朋友主动邀他"一起玩吧"，得花好多时间劝说，他才肯跟大家出去。上幼儿园之后，每天早上一进到教室，他就紧抓着妈妈不肯放手。**如果硬把他从妈妈身边拉开，他就大哭大闹**。不过，等到妈妈离开，幼儿园老师带着他玩过一阵之后，他就能开心的待在幼儿园了。

就算硬把小直拉开，他还是哭喊着黏住妈妈，妈妈实在不忍心丢下他上班去，导致经常要折回来再跟他解释一番，总要花费很长的时间才能离开。

原来孩子是这样想的

- 只要一离开妈妈，可能就会有不好的事情发生。
- 妈妈要去哪里？我好害怕。
- 如果我坚持不放开，妈妈是不是就不走了呢？
- 玩耍很开心，但我想要一直跟妈妈在一起。

重点1 和孩子分开时有个独特的仪式

拜拜。"手拉手好朋友"待会儿见。

来,注入妈妈能量。发射!

1、2、3,加满!

设计亲子分离时独特的仪式。

顺利分离。

妈妈路上小心。

不要回头望。

重点2 告诉孩子妈妈离开后要去哪里，什么时候回来

等时钟的短针走到12，妈妈就来接你喽！

妈妈要认真工作！

到12点的时候对吧？

妈妈和孩子约好回来的时间。

听幼儿园老师说明妈妈不在时的状况。

· 小贴士 ·

有不少孩子在跟妈妈分离时会大哭，但真的分开之后又像换了个人，马上就能开心玩耍。如果跟妈妈分开之后，还有好玩的事，或是妈妈能遵守约定，孩子或许就能放心，觉得短暂分离其实没什么大不了。

14 孩子不会自己换衣服

小薰每天早上换衣服都要花很多时间。脱下睡衣倒还好,但接下来要穿上外出服时就很不顺利。**光是把一只手伸进袖子就要花上好几分钟。不管他的话,他就会直接穿着睡衣到外面玩。**另外,他好像也经常忘记检查上衣和裤子前后有没有穿对,或者扣子是否全都扣好。

在忙碌的早晨，如果换衣服占去太多时间，小薰跟妈妈都会迟到。所以通常在他换下睡衣后，妈妈会帮小薰穿衣服。

原来孩子是这样想的

- 我想玩玩具。
- 我不知道该怎么穿衣服。
- 反正妈妈会帮我穿，我不需要自己穿。

重点1 在服装上多花点心思，弥补孩子不熟练的不足

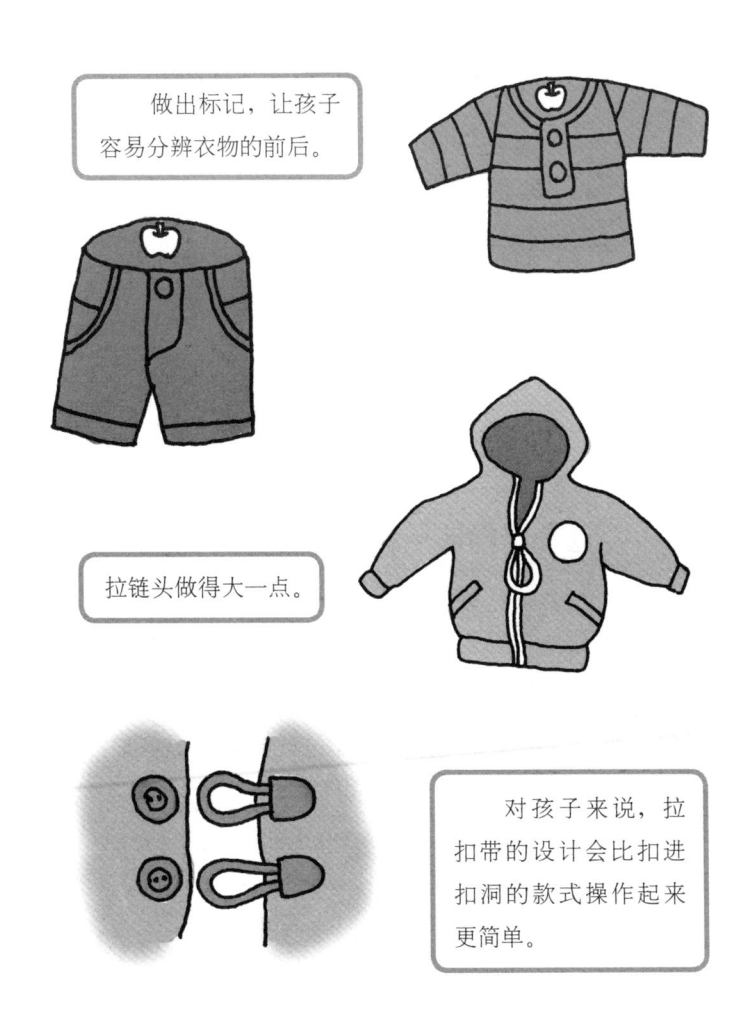

做出标记，让孩子容易分辨衣物的前后。

拉链头做得大一点。

对孩子来说，拉扣带的设计会比扣进扣洞的款式操作起来更简单。

重点2 判断孩子在哪个步骤碰壁，并在这个步骤上协助他

> 快点穿！手伸过去，好！

✗

> 自己很顺利穿上衣服了，只剩下扣子，妈妈来帮你忙。

○

只在孩子碰壁的步骤帮忙。

· 小贴士 ·

脱衣服不太困难，但穿衣服时，必须检查衣物的前后，还要扣扣子，其中包含很多步骤。有些孩子并不是不会换衣服，而是在一些细微的环节上做不好。

15 孩子吃饭花太多时间

小仕吃每餐饭都花很多时间。**他不会边看电视边吃饭,却会在吃饭时东张西望、聊天**,经常一顿饭要吃1个多小时。即便不断被提醒"快点吃",或是全家人都吃饱离开饭桌,他似乎也不以为意。甚至有时饭吃到一半他还会离开座位,**拿出幼儿园的折纸作品给大家看**。妈妈看他离开餐桌没再回来,打算收拾剩菜时,他却又说:"我还要吃。"害得妈妈也没办法整理。

妈妈为了让孩子吃到各种不同的食物，都会等到孩子吃完饭才收拾餐桌。如果小任拖了很久没吃完，有时也会由妈妈来喂。

原来孩子是这样想的

◆ 有好多需要关注的事情。
◆ 要跟爸爸妈妈吃得一样快好难。
◆ 不知道该吃多少才算吃饱了。

重点1 把餐桌上看似吸引孩子的东西收拾干净

食物分量也减少一些……

重点2　事先约定吃完饭的时间，或是吃完饭要做什么事

> 在约好的时间收拾餐桌。

> 已经7点了，该吃饱啦！

> 对啦！今天7点要播"××战士"！

> 提出对饭后的期待、安排也很有效。

> 你不是7点开始要看电视吗？

· 小贴士 ·

大人希望孩子吃的分量，跟孩子能吃的量有时候差距很大。如果担心孩子营养不足，可以补充一些小点心或营养食品。让孩子清楚地知道——在事先约好的时间内吃完该吃的量。这点也很重要。

16 孩子无法养成每日习惯

小宏始终不能养成良好的日常习惯。例如,他总忘记出门前要把手帕放到幼儿园的书包里,**回家之后也常常忘了把家长联络簿交给妈妈,就自己跑出去玩。**早上到幼儿园时,他从来不记得要把书包里的毛巾拿出来挂好,或是把家长联络簿交给老师,匆忙把书包往置物柜一丢,然后就跑去玩。另外,**他从外面玩完回来也不洗手;**吃营养午餐之前经常忘记在桌子上铺好餐垫,直接坐在位子上等午餐。

妈妈在一旁等了很久,看到小宏该做的事还是没有做,忍不住问他:"接下来要做什么呢?""是不是忘了什么呢?"结果他还是一问三不知的模样。最终还是妈妈出手帮忙。

原来孩子是这样想的

- 我想快点去玩。
- 一不注意就忘了。
- "是不是忘了什么呢?"这是什么意思啊?

重点1　让孩子了解具体该做什么，重复让孩子体会"做到"的经验

> 该做什么事呢？是不是忘了什么呢？

✕

这类抽象的说法孩子不容易理解。

> 先把毛巾挂起来。

> 啊，对哦。

○

用孩子能理解的方式指导他具体该做哪些事情。

重点2　想办法让孩子记住他总是忘记的事

手——手帕。
垫——餐垫。
联——家长联络簿。
纸——餐巾纸。

用简称、谐音帮助孩子记忆或用贴纸提醒孩子。

· 小贴士 ·

有些大人认为非做不可的事，孩子并不太感兴趣，或是认为没有必要。要培养孩子成习惯就得保持耐心，多次重复。

17

孩子不会巧妙运用双手

小隆似乎**不太会用剪刀，连直线也剪不好**，更别说有弧度的曲线，剪胶带时也常弄得乱七八糟，就连折纸时两头对折也对不准。上幼儿园时每天要带便当盒，**便当袋的带子他也绑不好**，便当盒经常会掉出袋子。快上小学时，开始学用筷子，但他就是**没办法用筷子好好把饭送进嘴里，吃饭时经常会掉很多食物**。因此，他经常说想拿汤匙吃。

每当小隆用不好工具时，在一旁的妈妈就会指责："你看，你怎么转不过去！""吃饭不可以一直掉饭粒。""看清楚呀！"但小隆的情况还是无法改善。

原来孩子是这样想的

- 在旁边讲也没有用呀，我就是不会啊。
- 该怎么做才对呢？我已经照妈妈说的做了呀。
- 好讨厌，我不学了。

重点1 在工具和用法上花点巧思

比起将一大张纸给孩子剪,不如分成几张小纸会更好,而且要把图案线条加粗一点,这样孩子比较容易操作

可选用六角筷,防止食物滑动,孩子用起来会更容易

打叉叉,打叉叉。

把红绳子跟白绳子先打个叉叉。

按部就班练习。

对,对。

重点2　不要只用言语指导孩子，试着从旁协助

哎呀，你看看你。弄得乱七八糟。

×

与其用语言说明，

不如在一旁协助，让孩子累积"做得到"的经验。

我会了！

先按住这里。

○

拉长胶带以后再切断。

· 小贴士 ·

一再重复做不好的事情，有些孩子可能很容易就放弃，或是认为自己很笨。大人可以尝试先降低标准，让孩子累积多次"做得到"的经验，给予孩子鼓励。这样虽然花费工夫，但不失为一个迈向目标的方法。

18

孩子口齿不清

明年要上小学的小惠,到现在还经常使用婴儿语言,很多发音都不清楚。比方说"明天远足要带便当",她会说成"**迷天远竹腰带便汤**",结果其他人都听不懂。虽然很熟的人猜得出来,但**隔一阵子才见面的奶奶就经常不了解小惠想说什么**。妈妈很担心:再这样下去,小惠上小学之后会不会变成同学嘲笑的对象?

妈妈说："应该是'明天'才对，说说看。""不是'迷'，是'明'。"解释之后要小惠再说一次，但她还是说成"迷"。

原来孩子是这样想的

- 是哪里不对呢？
- 不喜欢讲话了。

重点 1 让孩子练习多动嘴巴

倒一杯肥皂水，用吸管吹泡泡

用吸管吹出肥皂泡泡

含一大口水"咕嘟咕嘟"漱口

练习用舌头舔掉嘴巴周围威化饼的碎屑

练习舔舐

练习嚼较硬的食物

重点2 到专业机构检查一下孩子的状况

先到有心理科室的医院,由医生检查及评估。

评估后再观察状况,依需要由语言治疗师定期指导。

接下来依照老师说的挑一张卡片。

随着年龄增长,孩子口齿不清的状况应该会有所改善。

- 小贴士 -

孩子口齿不清,可能有各种原因。与其担心,不如请教专家,或许可以尽早改善。

19 孩子不会整理自己的物品

小慎放学回家后，**把书包往过道一丢就跑出去玩**。无论妈妈怎么苦口婆心地说："先把东西整理好！"他总是回一句"待会儿再弄"就冲出门了。除非妈妈趁他冲出门之前逮到机会跟他说："把书包拿回自己房间。"他才会心不甘情不愿地照做。不过，等小慎出门玩耍后，妈妈到他房间一看，发现**书包就丢在地上，里面的课本跟笔记本都掉出来散了一地**。也就是说，如果没有妈妈跟着小慎到房间里，看着他把书包挂好，光靠他自己是不会整理的。

妈妈看到丢在过道的书包觉得很不顺眼，只好每天把小慎丢下的书包拿到他房间里。

原来孩子是这样想的

- 我想赶快出去玩。
- 收拾整理东西好麻烦。
- 我不知道东西要收到哪里去。
- 反正我不收拾，妈妈也会帮我弄好。

重点1　在家中确定一处简单整理收放的场所

> 在过道旁的墙壁上设一个挂勾，类似这样规划一个让孩子能简单收放的场所。

> 也可以放一个"暂放箱"。

重点 2　孩子整理完要适度给予奖励

使用引导或类似寻宝的方式。

事先贴张纸条

❶ 房间的书桌。

❷ 书包请放好。

❸ 把书包挂在这里。

❹ 好想吃××店的冰淇淋哦……

每完成一项就收集纸条，然后给予孩子奖励。奖励内容可以跟孩子讨论后决定。

· 小贴士 ·

大人希望孩子收放东西的地方，跟孩子认为方便收拾的场所并不相同。家长必须思考——让家中保持井然有序和养成孩子随手收拾整理的习惯，哪一项比较重要。

20

孩子不遵守跟朋友的约定

小唯经常忘记跟朋友的约定。例如，**前一天跟朋友约好第二天要一起上学，结果她自己先走**；约好放学后跟朋友在公园碰面，她却在家里跟姐姐玩，让朋友空等；**有一次跟朋友借书，但过了很久都没还，**朋友还打电话来家里问；在学校分发各自负责的全班家政课材料时，也只有她一个人忘记准备，给全班同学添麻烦。**有时候还被同学责备"没有责任感""大骗子"**，小唯对此也感到很懊恼。

妈妈要经常向依约前来的朋友道歉，或是打电话到空等的朋友家道歉。

原来孩子是这样想的

- 我又不是故意的。
- 我不记得有约呀？
- 多亏有妈妈帮我道歉。

重点1 让孩子养成记下重要事项的习惯

事先放一本小笔记本在口袋里。

来,这是小笔记本。

好,我知道。

跟朋友约定就写下来。

附笔的笔记本更方便

明天早上一起去!我会去找你,等我哦。

嗯,好。我写在本子上。

如果小唯没把约定记在本子上,记得告诉我。

好的!

也请朋友从旁协助。

重点2 教导孩子需要为忘记的事情负责任

×

"小唯还没把书归还。"

"真抱歉，我要她明天带去。"

○

"嗯，好。"

"你要自己道歉。"

"妈妈跟你一起去把书还给人家。"

指导孩子承担不小心犯错的责任。

·小贴士·

在孩子的行为中，有不少让人困扰、不知道该如何是好的状况，其实对孩子来说很可能是个大好的成长机会。

21

孩子一生气就动手

小恭几乎每天跟弟弟吵架，还会打弟弟的头，踢弟弟的肚子。两人争吵的原因有很多，但都是一些鸡毛蒜皮的小事。比方说，小恭洗手后忘了把水龙头关紧，弟弟便提醒他，类似这种自己的错误遭到纠正的时候。此外，做美术作业时，如果调水彩用了太多水，或是没调出喜欢的颜色，总之不顺心时，小恭也会对身边的弟弟出手。据说在学校里，**他也会因为一些小事就跟朋友起争执，或是用力踹桌椅。**

妈妈一看到弟弟哭了,就会斥责:"有完没完呀!是哥哥惹你哭的吧?"每次在学校跟同学吵架,妈妈就要他答应不能再跟别人吵架,第二天才送他上学。

原来孩子是这样想的

- 先听我讲为什么不高兴啊。
- 我也知道不可以,但就是忍不住动手。
- 我有这么坏吗?
- 妈妈为什么这么生气?

重点1 教导孩子该怎么做的理想方式

重点2 花工夫思考孩子该如何控制情绪

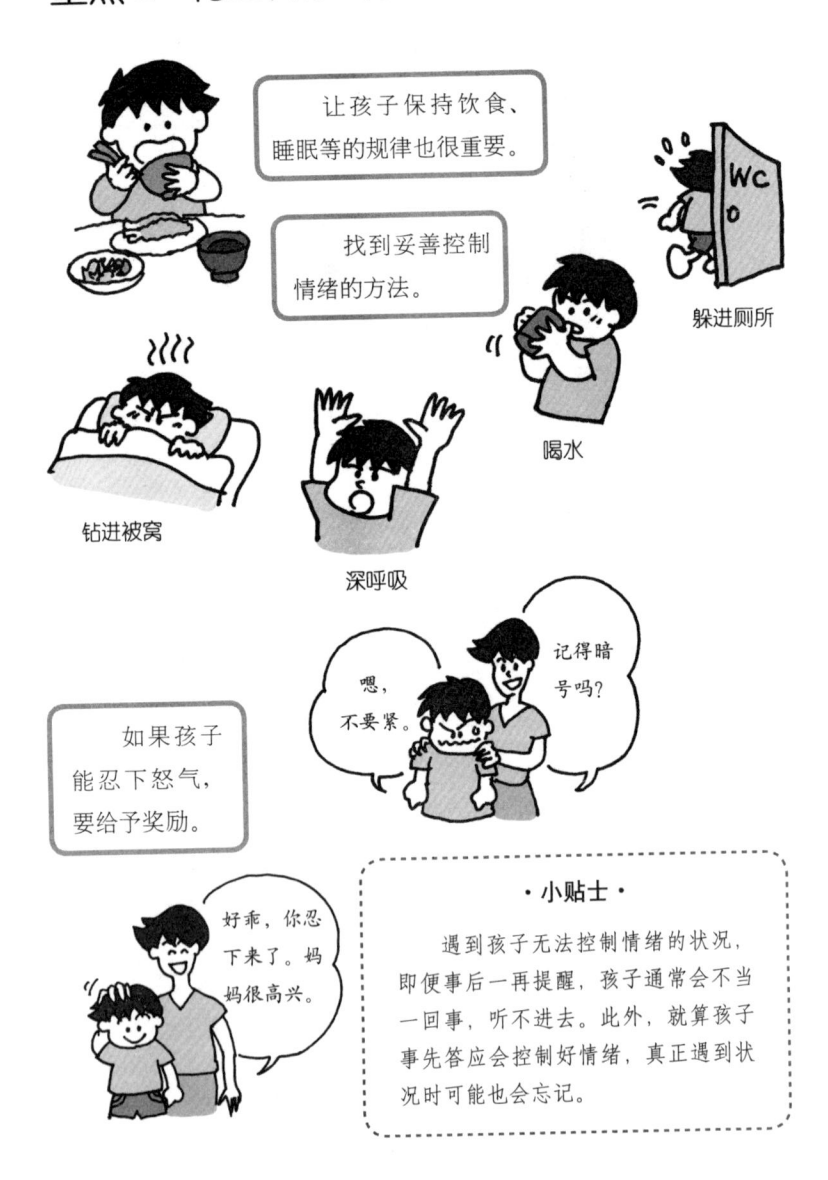

让孩子保持饮食、睡眠等的规律也很重要。

找到妥善控制情绪的方法。

躲进厕所

喝水

钻进被窝

深呼吸

如果孩子能忍下怒气，要给予奖励。

嗯，不要紧。

记得暗号吗？

好乖，你忍下来了。妈妈很高兴。

· 小贴士 ·

遇到孩子无法控制情绪的状况，即便事后一再提醒，孩子通常会不当一回事，听不进去。此外，就算孩子事先答应会控制好情绪，真正遇到状况时可能也会忘记。

22

即使下了指示孩子也不会马上去做

小康进入小学一段时间之后,老师就向妈妈反映——**学校里老师对全班下达指示时,小康似乎总跟不上节奏**,看到隔壁同学在做,才赶紧跟着做,总之经常是慢半拍。在家中,妈妈从别的房间高喊:"去洗澡!"**他通常会反问**:"你说什么?"在学校时,只有老师走到他身边,他才问:"要做什么?"但如果老师没注意到,他常会一个人发呆,迟迟不做功课。

每当小康反问之后，妈妈就会跑到他身边正视着他，再说一遍："去洗澡了！"然后小康会回答："洗澡啊，好。"接着准备洗澡。

原来孩子是这样想的

- 老师说的话我听不太懂。
- 如果一开始就在我旁边说，我就听得懂呀。
- 跟我一个人讲不就好了吗？

重点 1　确认孩子经常在什么样的状况下反问

重点2　找到容易让孩子了解的沟通方式，并告诉老师

> 好的好的，我了解，我会试试看。

> 如果靠近一点，正视着孩子具体告诉他该做什么，他应该会比较明白。

每个孩子适用的沟通方法都不同。

· 小贴士 ·

即便慢半拍，如果孩子仍愿意主动做功课，或是通过反问来试图了解、确认问题，表示孩子心中还保有依照指示去做的"意愿"。面对这样的孩子，应该要重视他们的情绪。

23

孩子说起话来天马行空

美季很健谈，但她的**话题经常过于天马行空，使得周围的人听不懂她到底在说什么。**比方说，吃早餐时看到下雨，她会突然问："有天蓝色的伞吗？"好像是因为想起在才艺表演时用的天蓝色雨伞。此外，大热天跟爸爸外出散步时，她会出其不意地问道："汉堡里会加西红柿吗？"据说她联想的脉络是：天气热→西红柿枯死→吃不到西红柿→汉堡里还加西红柿吗？因此，跟美季一起玩的时候，朋友经常会说"听不懂美季在说些什么"。

"天蓝色的雨伞是什么意思?"爸爸问道。

美季一脸惊讶地回答说:"就是雨伞的颜色是天蓝色,给小朋友用的呀。"她解释过后爸爸还是不懂。

原来孩子是这样想的

- 爸爸说的话我都听不懂。
- 我说的当然就是才艺表演上的雨伞啊。
- 爸爸才奇怪,为什么不懂我讲的事情呢?

重点1　告诉孩子对方了解到什么程度，以及不知道哪些事

什么嘛，原来爸爸不知道啊。

爸爸不知道天蓝色的雨伞，告诉我吧。

告诉孩子自己不知道。

原来如此。

下次一开始最好先说"你知道××事吗？"这样比较好哦。

此外，教导孩子说话时可以用"对了……""你听过××事吗"这些当作开头，让对方更容易听懂。

重点2 让孩子通过游戏练习表达能力

描述绘图的游戏。

旁边画一个很长的长方形……

规则

1. 让孩子用语言清楚地将自己正在画的图描述出来。
2. 大人坐在看不到孩子画图的位子上。
3. 根据孩子的描述，大人也和孩子一起作画。
4. 完成同样的图画即可。

"猜猜我是谁"的游戏。

猜猜我是谁。第一个提示是动物。

规则

1. 由一个人在脑子里想一项事物。
2. 由这个人陆续给出提示。
3. 有人知道的话就猜猜看。
4. 每人轮流出题。
5. 比较得分高低会增添趣味。

· 小贴士 ·

有些孩子误以为自己知道或经历过的事，父母一定也都知道。这种情况尤其常出现在年龄较小的儿童身上。

24 孩子经常误解别人的意思

小勉好像经常会错意。例如，放学回家后，他说要去找小达他们玩，然后就出门了，一会儿却气呼呼回来说："小达不守信用，根本不在家。"有时他哭着回家，大人问他原因他便生气地回答："我以为要跟小矢一起回家，结果他丢下我先走了。"在家里也一样，**早上听到爸爸妈妈说"偶尔也想去饭店吃"，小勉就误以为当天要在外面吃饭**。他看到妈妈准备晚餐时还问"为什么要做饭"，听妈妈解释后才知道自己会错意，但他似乎还是**不能接受现实，当场大哭起来**。

若是在学校发生一些让小勉误会的状况,回家后妈妈会问他:"为什么会这样想?"不过,如果是家里的事,妈妈有时就顺着他的意思,例如:"好吧,今天就去餐厅,这样妈妈不用做晚饭也轻松。"

原来孩子是这样想的

- 可是我以为已经约好了呀。
- 只要一哭,事情是不是就能照我的意思呢?

重点1 教导孩子约定的方法

> 教导孩子约定的规则,要定好时间、地点,做些什么事。

重点2　教导孩子确认的方法

好啊。

小达说"好"了吗？

三点在榉木公园踢足球好不好？

嗯！

确认约定也很重要。

25

孩子经常丢三落四

小春好像每天都会有**该带到学校的东西忘在家里**。有时候是劳动课当天要用到的材料工具,有时甚至连垫板、铅笔盒,这些每天必须带的东西也会忘。也曾经把作业本、家长联络簿忘在学校没带回家,动不动就搞丢铅笔、橡皮擦,买了新的没用多久又不知道哪儿去了。**妈妈到学校参加家长会,看到"失物招领处"就放着小春的东西**。跟朋友到公园玩,小春经常在回家时落下帽子或外套。

妈妈一遍遍提醒"不要忘了"，小春还是丢三落四，到最后妈妈忍不住怒骂："你到底在干什么！"然而，一旦发现小春把该带到学校的东西忘在家里，妈妈还是会帮她送到学校。

原来孩子是这样想的

- 咦，帽子放到哪里去了啊？笔记本应该已经放进书包了呀。
- 太多非带不可的东西，我记不得那么多嘛。
- 妈妈每次都会帮我送来，没关系啦。

重点1 让孩子少带一点东西，或约定一个地方放不能忘记的东西

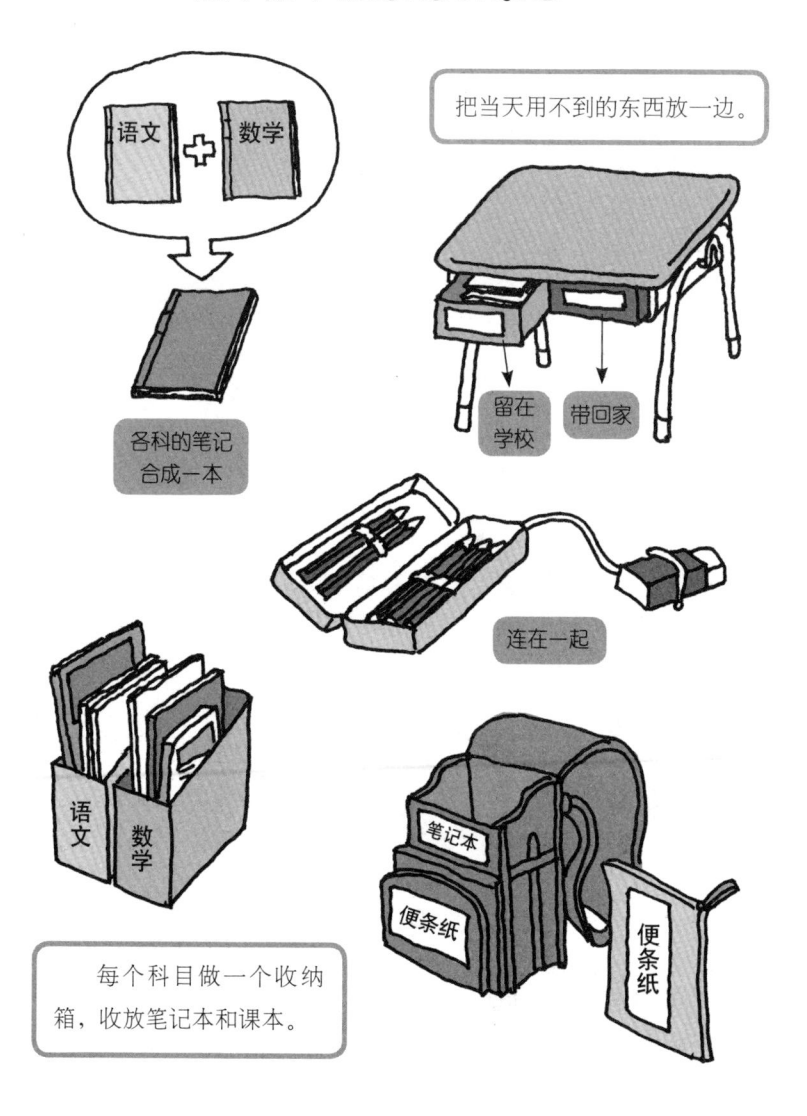

语文 + 数学

各科的笔记合成一本

把当天用不到的东西放一边。

留在学校 / 带回家

连在一起

语文 数学

每个科目做一个收纳箱，收放笔记本和课本。

笔记本 / 便条纸 / 便条纸

重点 2　花点心思让孩子记住

把容易忘记的东西写下来，用扣环挂在裤子皮带上。

便当

用数码录音笔也是一种方法。

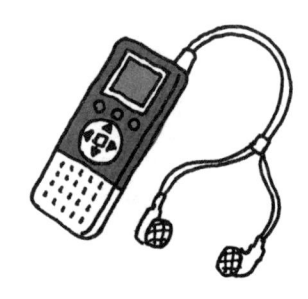

使用物品确认清单。

物品清单	学校	家
橡皮擦		
铅笔		
帽子		
外套		

开始，一起确认

> **· 小贴士 ·**
>
> 很多孩子只要一专注在某件事上，别的事就会丢三落四。有时候因为要顾及太多事情，孩子就会健忘。与其每当孩子健忘就责骂，倒不如思考怎么样让孩子记住。

26 孩子动不动就耍赖

小敬经常**因为一点小事不如意就耍赖**,而且一发脾气就很难**收拾**。例如,她本来想穿的一件衣服,发现扣子掉了,想请妈妈缝上扣子,但妈妈说"没时间了",所以没帮她补,吃早餐时小敬**就板着一张脸,不发一语**。此外,遇到她想买的书卖完了,或是跟妈妈外出购物来不及赶回家看喜欢的电视节目,**一有这种状况,她就气得乱打身边的东西,或是不吃晚饭**。

看到小敬始终不能恢复情绪，妈妈也有些不耐烦，最后总是气得忍不住说出"你不要太过分""你怎么每次都这样"或者"上次也是……"这类的话。

原来孩子是这样想的

◆ 无论如何我都要做某事。
◆ 我没办法一下子改过来啊。
◆ 我讨厌妈妈每次都把以前的事翻出来说。

重点1 妥善地处理孩子耍赖

用激烈的言辞说反话，会使得大人跟小孩情绪越来越激动。

✗

我今天想穿这件……

这么想穿这件就直接穿呀！

○

我不想……

好了，妈妈要去做饭了。

今天先穿另一件。晚上再帮你补好。

不要反复讨论同一件事，以妥善的方式离开现场，暂时置之不理也是一种处理方式。

重点2　接受孩子的情绪

可是我无论如何都想今天看到。

可是……可是……

既然这样，你应该早点去买才对吧。

如果针对孩子不如意的状况深入探讨，将会造成孩子不断以"可是……"回应，使局面失控。

嗯，很可惜呀。本来想无论如何都要今天买来读的。

这样啊！真可惜，等不及早一点买到吧。

将孩子的情绪化为语言来接受。

- 小贴士 -

听到孩子说些没道理的话，大人通常会感到不耐烦。这种状况下如果跟孩子处于对立的立场，一味说理，即便说得正确，可能还是会为孩子不耐烦的情绪火上浇油。有时和孩子暂时保持一段距离也很重要。

27 孩子面对多项指示时没办法全都做好

每次妈妈把该做的几件事情一次性全告诉小裕，他总是没办法全部做好。比方说，告诉他"放下书包之后拿家长联络簿跟铅笔盒过来"，结果他只拿了铅笔盒。有时候他会问好几次："你说什么？""接下来要做什么？"在学校也一样，例如数学课下课后要到音乐教室，老师说："数学作业交上来的人，带着竖笛跟课本到走廊上，分组安静排好队。"结果小裕只抓了竖笛就冲到走廊上。

在家里只要妈妈再说一次指令，小裕通常都能做对，但在学校里，他好像经常到了音乐教室才发现忘了带课本，然后得一个人再回教室拿。

原来孩子是这样想的

◆ 跟我说那么多我记不住啊。

◆ 既然还要再说一次，为什么不在开始时一件一件讲呢？

重点1 希望孩子做的事一件件依序指示

铅笔盒？

书包放好之后，把家长联络簿跟铅笔盒拿过来。

×

希望孩子做的事一件件地指示。

○

先拿家长联络簿……

书包放好后，先把家长联络簿拿出来。

重点2 确认孩子是否记得交代的事情

与其把重点放在内容上,不如先确认"什么东西""有几样",这样孩子容易明白。

> 你说说待会儿要拿的两样东西。
>
> 嗯,有两样。
>
> 家长联络簿和铅笔盒。

确认孩子是否记得。

> 我刚要你拿什么跟什么?
>
> 家长联络簿跟铅笔盒。
>
> 对!家长联络簿跟铅笔盒。

简洁反复。

跟老师商量在学校能配合的方法。

> 有多项事情的时候,如果写在黑板上孩子更容易记住。
>
> 好的,写在黑板上,这一点可以配合。

· 小贴士 ·

小学低年级阶段的孩子,有时要他们记住两项指示并执行,已经是他们的极限。如果得重新做一次,不如一开始只给出孩子能正确执行的分量,这样做彼此都会比较轻松。

28 孩子总是不安分地动来动去

小武放学回家之后,做功课不到 3 分钟就离开座位,然后晃来晃去,或是看起漫画。**看电视时也一样,不到 10 分钟他就站起来喝水,或是拿起遥控器不停切换频道。**玩耍时他也是经常跳来跳去,不论是双脚还是脖子,身体总有一个部分动个不停。这种不安分的状况也出现在学校,**上课时忽然想到什么他就站起来,甚至跑到教室外面,或是转头望着教室后方的某一处。**

爸妈有时好言对小武说"安静一点""不要晃来晃去""不要拿遥控器按来按去"。每次刚说完，小武会安静一会儿，但没多久又开始晃来晃去，或是拿遥控器不停换频道。

原来孩子是这样想的

- 因为我很好奇发生什么事情呀。
- 要长时间坐着好辛苦啊。
- "安分一点"是什么意思？我不安分吗？

重点1　让孩子养成在行动前先征得大人同意的习惯

可以去喝水吗？

你要去哪里？

让孩子养成行动前先征得大人同意的习惯。

下一个阶段培养孩子"先做好某件事，才能做下一件事"的习惯。

成为学习规矩的机会

嗯，好的。

好，先把椅子放好再离开。

做得很好。

当孩子做到沟通好的内容时，别忘了给予称赞！

重点2 让孩子意识到自己的行为

×

咦？

你安分点好不好啊？

有时候孩子并没有意识到自己身体动来动去。

○

你的脚动个不停。

嗯，现在停下来了。

咦？

要让孩子意识到身体在动，触摸或做出指示比较有效。

·小贴士·

有些孩子根本没察觉到自己身体动个不停。要先让孩子意识到自己在做些什么。

29

孩子一个人做事没有进展

小航在暑假的自由实践作业中，决定使用回收的空箱、包装纸和电池来制作机器人。不过，**动手之后他却时不时就问爸爸："接下来该怎么做？"**完全没看到他自己动脑筋想。如果爸爸说："你自己想想看"，他的作业进度就停滞不前。在学校的劳作课上也一样，**只要遇到需要自己花心思去做的事情，他就很难有进展。**他也因此经常无法完成学校任务，只好带回家请爸爸帮忙。

爸爸每次看到小航不会做功课，或者自由实践的作业遇到困难时，总忍不住要帮忙，提示他："先做这个""接下来是……"像这样一步步跟小航一起完成课题。

原来孩子是这样想的

- ◆ 跟爸爸一起做，每次的成果看起来都特别棒。
- ◆ 有爸爸告诉我下一步该怎么做，感觉轻松多了。
- ◆ 我自己不知道该怎么完成嘛。

重点1 和孩子一起想象完成后的状况

脸、身体都是方方的,手可以伸长。

你想做出什么样的机器人?

听孩子对成品的想象,试着画出来……

可以上网搜寻……

想做出这种样子!

也可以查书……

一起制作出成品图。

哦!很努力唷。

在制作过程中也需要及时给予孩子鼓励。

重点2 和孩子一起梳理完成作业的步骤

机器人的身体要用什么来做?这样就行了吗?

用面纸盒好吗?

还要上色。

脸要用什么做呢?眼睛跟鼻子呢?

脸用肥皂盒,鼻子跟眼睛用笔画上去。

讨论过后做出步骤表。

步骤表
① 面纸盒上色。
② 用笔画出脸。
③ ……
④ 完成。

就依照这个顺序来做。好!

·小贴士·

有的孩子在做事情时条理性不强,脑海中没有具体步骤,不过,对于完工时的成果,孩子却很清晰。另一类孩子很清楚了解步骤,却无法想象出完成后的状况。孩子的学习模式因人而异。

30 孩子有完美主义倾向

小晃功课很好，日常生活的大小事宜也都处理得很好，甚至**没做好就觉得不安心**。比方说，练习写汉字时本来没写错，其他人还觉得他写得很好，他却因为一竖划写得不够直，就擦掉再重复写好几次。早上换衣服时也是，脱下来的睡衣他一定要叠得很整齐。小晃上学后，如果妈妈碰过他的睡衣，他回来也会立马发现。**在学校上数学课画图时，线条稍微歪一点也不行。**

"已经很整齐了呀!""写得很漂亮啦!"虽然妈妈这么说,小晃似乎全都听不进去。如果妈妈想把东西拿走,不让他再继续做,小晃就会放声大喊,有时甚至动手,最后妈妈也只能随他了。

原来孩子是这样想的

- 这样根本不行。
- 妈妈好啰嗦。
- 没做好会让我很难受。

重点1 教导孩子"没关系，算了吧"

> 有一点点烧焦了，没关系，算了吧。

> "没问题""不要紧啦""没关系，算了吧""下次再加油"，这些都是具有魔法的表达。

> 咦，不要紧？没问题？没关系，算了吧……

> 没问题，一点点不要紧的。

> 啊！歪掉了。

> 这样好吗？

> 稍微有点歪，没关系，算了吧。

重点2　帮助孩子设定可能实现的目标

嗯！好的。

把睡衣放在这个袋子里就可以了。

设定可能实现的目标。

没关系……

照着模板写吧。

用不能擦掉的签字笔写，或许能让孩子觉得"没关系，算了吧"。

· 小贴士 ·

想把每件事做好当然不是坏事，但是如果满脑子想的只是"非这样不可"，不断自我要求过高的话，生活就变得处处有困难。不论父母还是孩子，都应该在某些时候学会适可而止。

31 孩子不遵守家规

小弘生日时爸妈送他手持式游戏机当礼物,**从那天起,他每天都花好几个小时玩游戏**。爸爸送礼物给他时已经约好——每天玩 1 小时。不过,小弘玩游戏常常超过 1 小时。如果大人跟他说:"已经玩了 1 小时,该休息了。"他就会回答:"马上就好,等过完这一关。"就这样又会再玩 10~20 分钟。直到大人不断地提醒他说:"这跟先前讲好的不一样,你不要太过分哦。"小弘才会心不甘情不愿地停下来。不过似乎他会**半夜醒来,背着家人偷偷玩**。

爸爸没办法随时都在小弘身边，所以只能在发现时提醒他。有时候小弘会一口气玩2~3小时的游戏。一家人外出时，小弘也宁愿待在车上玩游戏。

原来孩子是这样想的

- 我知道啦。不过再等一下下嘛，现在正玩到紧要关头。
- 在车上也玩不到1小时，应该没关系吧。
- 只要不被爸爸发现就行了。

重点1 在孩子确实遵守之前不可以破例

规则因时间、场合改变，会造成孩子混淆。

让孩子遵守订好的规则需要花点心思。

重点2 以具体的形式让孩子了解规则

玩游戏的规则
① 玩1个小时就要关掉电源。
② 星期日把游戏机交给爸爸保管。
③ 晚上也要交给爸爸保管。

这是在家里玩游戏的规则。

嗯！我知道了。

与其用"不要做某事"的规定，孩子更能接受"要遵守某事"的约定。

30:00

由自己操作的话，比较容易做得到。

嗯！好的。

计时器已经响了，该收起来了。

· 小贴士 ·

父母明明送了孩子游戏机，却又说"不能玩"的话，对孩子来说这太没道理。除了订出明确的规则，大人也得花点心思让孩子学会遵守。这么一来，购买游戏机也成了让孩子学会遵守规则的好机会。

32

孩子总是借口很多

小纪面对自己的问题时，经常不能反思并承认，反而找很多借口。例如，**跟朋友玩的时候，当她忘记帮别人忙，她会说"我现在才想起来"**。此外，自己不小心把碗摔碎时，她会说"碗太烫了我拿不住"。**面对忘东忘西或是失败时，她总是绕一大圈不断解释为什么会这样**。比如考试考了 40 分，当爸妈找到被她藏起来的考卷时，她会辩称："老师事先又没说要考试，突然抽考才这样，是老师不对吧。而且有其他人也考 40 分。"

爸妈告诉小纪"不可以找借口",她会说"这又不是借口",或者不断重复"可是……可是……"遇到这种状况,爸妈只能严肃认真地要求她道歉。

原来孩子是这样想的

- 为什么没有人懂得我的心情呢?
- 我又没骗人。讲真话也没有人相信我。
- 反正道歉就好了,对吧?那就道歉呀。

重点 1　接受孩子失败的理由

下次放在托盘上端。

对啊，很烫的。

因为很烫啊。

嗯。好。

先接受孩子的情绪。

是吗？那就麻烦你啦。

我正要来弄了。

重点2　教导孩子理想的道歉方式

让孩子知道为什么要道歉。

爸爸生气的不是你分数低，而是你把考卷藏起来。

咦？是这样吗？

因为老师又没说会出这一题。

教导孩子道歉的方法。

重点在于让孩子知道错在哪里，之后该怎么做。

如果你坦白道歉，爸爸很高兴。

如果下次不藏考卷，爸爸就不会生气吗？

对不起，我把考卷藏起来。

如果说实话，我就不生气。

· 小贴士 ·

青春期的孩子稍微受到指责就会自尊心受挫，可能会找借口来保护自己。要让孩子了解大人的想法，而不是一味责骂。如果最后只是让孩子说句"对不起"，那可能只是父母的自我满足。

33

孩子不会决定事情的优先级

小良主动提出想学的特长,每周要上两次课。他对学习这些才艺乐在其中,经常说"星期三要上书法课""这次游泳课学了自由式"之类的话。但是,放学回家之后,**只要离才艺课还有点时间,他就跑出去找朋友玩,玩到该去上才艺课了也不回家。**好不容易回到家,他还会说"没吃点心"或者"学校功课没做完该怎么办",一直磨磨蹭蹭,**结果每次去上才艺课都得迟到。**

每当看到放学后急忙回到家的小良，妈妈总是不断地说："再不快点就要迟到了。"但小良还是不会抓紧准备上兴趣班的物品，导致时间来不及，最后都得由妈妈开车送他。

原来孩子是这样想的

- 该去哪里、要做什么我都知道呀，但搞不清楚该从哪里开始。
- 可是我也想跟朋友玩呀。
- 一直叫我"快一点"，我已经很快了啊。
- 妈妈开车送我就来得及，没关系吧。

重点 1　陪孩子制订计划，决定事情顺序

×

我在收东西了呀。

游泳裤在哪？泳镜、泳镜……

动作快点啊。

前一天晚上提前安排。　〇

好！我跟朋友约3点40分。

吃完点心之后要是准备好了，可以出去玩一会儿。

明天放学后5点要去上游泳课。

我想去找朋友玩，也想吃点心。

① 15:00 放学回家，吃点心。
② 15:30 准备游泳课用具。
③ 15:40 找朋友玩。
④ 17:00 去游泳馆。

重点2 利用计时工具向孩子说明什么事要在几点之前做完

> 嗯，知道了。

> 手表发出哔哔声就要回家。

> 或者也可以用计时器、呼叫器等工具……

> 啊！我得回家了。

> 这样就赶得上游泳课了。

> 你乖乖遵守约定，妈妈很高兴。

> 孩子遵守约定的话，要给予称赞。

· 小贴士 ·

有很多想做或者必须要做的事情时，就得多预留一点时间，依序进行。这一点有些大人都做不好。最好提前订好计划，才能让孩子付诸实行。

34

孩子一个人时就不用功

小佳就快上中学了,平常有妈妈在旁边的话,她就会坐在书桌前做完功课,**但如果要她自己做功课,她会拖拖拉拉。**要不就是好不容易坐下来,却在看漫画、打游戏;要不就是边听音乐边唱歌,完全没有要用功的样子。妈妈很担心,再这样下去,上中学之后小佳**也不会独立预习、复习、准备考试。**

妈妈看着小佳总是做不完功课，实在受不了，只好先把家事放一边，坐在小佳旁边盯着她把功课做完。

原来孩子是这样想的

- 有妈妈在旁边，就会告诉我写功课的顺序，这样轻松很多。
- 因为不知道功课怎么写，就看起漫画了。
- 对了，某团体又发行新歌，待会儿再做功课好了。

重点1 改善孩子的学习环境

用布帘遮住

拿到其他房间

房间里不要有容易让孩子分心的东西。

好，我会用功。

8点了，该学习了。

用计时器定时或大人提醒的方式让孩子开始学习。

重点2　必须完成的事情定好先后顺序

今天的功课呢？

有数学题和阅读。

就从数学题开始吧！

嗯。

跟孩子一起订立计划。

从一个人能做到的部分开始。

好。数学题我可以自己做。

学习计划表
① 数学题2页。
② 阅读。

阅读的时候妈妈再来听你读。

做完功课之后，让孩子自己再检查一遍。自我评价也很重要。

· 小贴士 ·

由于孩子的年龄不同，他们能够独立学习、做功课的时间也不一样。从短时间能够做完的作业开始，逐渐延长时间，循序渐进也很重要。

35 孩子经常感觉被欺负

小代一再说自己在学校不受同学欢迎。"某人一定觉得我很烦""大家都觉得最好没有我这个人",小代一天到晚都有这样的想法。问她为什么会这样认为,她说,因为下课时有几个女同学聚在教室角落,边看着她边笑;或是班上同学表决校庆表演节目时,她的建议没受到采纳;另外,放学跟朋友说"一起回家"时,朋友却因为"有事找老师"而拒绝她……大多都是这类原因。**每次小代一有这种想法就很难平息,甚至第二天早上还会因此而拖拖拉拉不想去上学。**

妈妈虽然会安慰小代，"可能是你多心了吧"或是"这样也不算讨厌你"，可是她越说越让小代觉得事态严重，"才不是呢，每次都这样，上次也是……"

原来孩子是这样想的

- 每次大家都不认同我，我好可怜。
- 真希望别人可以了解我的心情。
- 没有我这种人最好吧？
- 不管我做什么事都不顺利。

重点1　先接纳孩子的情绪

没这回事的。

大家都觉得我很烦。

✕

轻易否定也无法解决问题。

如果只是听孩子说过，而不加理会，反而会加深孩子受欺负的感觉。

因为他们在教室角落看着我笑呀。

上次也是，这次也是。

人家可能不是在笑你啦。

✕

上次我的意见不受重视。

这样啊，真是太可惜了。

○

首先要接纳孩子的情绪。

重点2　在孩子擅长的领域中制造发挥所长的机会

> 让孩子把心思放在自己擅长或喜欢的事情上。

（哦！漫画呀，我来画。）
（对了，上次我同学还……）
（对啦，你上次画的漫画，妈妈想看接下来的内容。）

> 跟学校老师商量，让孩子有发挥自己专长的机会。

（好的。我会贴在教室后方布告栏。）
（希望我家孩子画的漫画能让同学看看。）

· 小贴士 ·

孩子进入青春期之后，总希望能被他人认同、了解，而且这样的心情会越来越强烈。如果历经多次失败，情绪低落时，一点小事也容易让孩子感觉受伤害。在这种状况下，光是叙述客观事实未必有效。

36

孩子经常半途而废

小美做任何事都只有 3 分钟热度。**考试前复习时大概也只看了 10 分钟的书就放弃,**"看不懂,算了。"而且在这 10 分钟里她不过就把课本翻了一遍。甚至在学校考试时她也这样,在考卷上写名字之后,答了一两题就交卷。小美这种半途而废的习惯不仅出现在看书时,在运动或玩游戏时也一样。比方说,**练习骑自行车时,有一次差点跌倒,她就说**"不骑了";打游戏时只要输给妹妹一次,她也会说"不玩了",然后离开。

爸爸有时会尝试告诉小美"凡事都要多努力看看""再试一下",但她还是会放弃,让爸爸不知该如何是好。

原来孩子是这样想的

◆ 我已经很努力了呀。
◆ 没办法,我做不到。
◆ 做不好也无所谓吧,不是吗?

重点1　让孩子逐渐累积微小的成果

让孩子知道能做好的方法，或是能做到的事情。

> 我不会用刀子削皮。

> 用削皮刀就可以了。

在孩子遇到困难时，伸出援手。

> 好吧，胡萝卜妈妈来切，切好之后你放进锅里。

> 我不会切胡萝卜。

引导孩子如何开始。

> 洋葱该怎么切才好？我不会。

> 一开始妈妈来示范。

> 怎么样？可以吗？

重点2　让孩子选择自己能力所及的事

> 说好"只做一件事"的话，重点就是大人也要遵守约定。

·小贴士·

对以往较少体验到"能做好"的孩子来说，或许不太了解努力的重要，反倒认为只要一开始认真就能做好事情，或是不需要经历辛苦也可以。

37

孩子无法拒绝不喜欢的事

小千就算百般不愿意,仍无法回绝朋友的邀约或请托。例如,她跟朋友聊到家里的漫画书,朋友便说想跟她借来看看。但这本漫画书是她用存了很久的零用钱买的,她十分珍惜,并不想借人,不过依旧答应朋友:"好,我明天带来。"**有时她还无法拒绝对方提出的强人所难的要求**,比如在学校上作文课时,忘记带稿纸的朋友说:"分我几张稿纸。"小千自己也只剩 3 张,却仍答应同学并分给对方 2 张。**回家之后才不断跟妈妈抱怨说**:"其实我很讨厌这样。"

妈妈告诉小千说:"既然已经答应了,就要借给人家。"小千却直说:"但我不想借"。有时妈妈会试着说:"既然这样就不要借了。"或问她:"要不要妈妈帮你回绝?"

原来孩子是这样想的

◆ 我不想借人,但也不想拒绝。
◆ 如果拒绝对方,人家可能就不跟我当朋友了。
◆ 不过,让妈妈帮我回绝好吗?

重点1 教导孩子拒绝的方法

> 逃避的拒绝方式。

> 嗯,那好吧。

> 我才刚买而已,还没好好看过,最近没办法借你。

> 迂回的拒绝方式。

> 也对。

> 不如去问老师?

> 我还需要写3张稿纸,而且我只剩下3张了,没办法给你呀。抱歉。

如果不能委婉拒绝,对方强人所难的要求也许会越来越过分。

重点2　告诉孩子拒绝之后朋友会有什么反应

真的吗?

朋友知道你对这个东西很珍惜的话，就算你拒绝他们也不会介意的。

嗯，我知道了。

就这样告诉朋友，请他们等一阵子。

看过之后就可以借人吗?

> **· 小贴士 ·**
>
> 　　如果面对别人的请托无法说"不"，与他人往来时会不知不觉压抑自己的情绪。过于勉强之下，也可能破坏与他人的交情。

38

孩子经常乱花钱

　　小敏每次领到零用钱，大多会在当天全部花光。除了买自己想要的东西，有时候也会买饮料请朋友喝，或是买游戏卡送给朋友。他甚至曾花好几百块钱到家附近的超市去玩游戏机。**有时候他还会从爸爸皮夹里拿钱。**此外，如果他看到非常想要的东西时，甚至会瞒着父母到附近的爷爷家，跟爷爷要零用钱。

每次爸妈看到小敏乱花钱时都会骂他一顿,或告诉他赚钱很辛苦,他听完会道歉,表示"对不起,下次不会了"。但是没多久就会再犯。

原来孩子是这样想的

◆ 我不知道花了那么多钱呀。
◆ 只要道歉就行了吧。
◆ 请朋友很开心。

重点1 花心思培养孩子的金钱观念

> 来,把这个月的零用钱用几个信封分好用途。

> 嗯,好的。

将一个月的零用钱分好用途。

> 今天玩3次游戏机,花了30元吧。

> 玩游戏机用了30元。零用钱还剩……

获得零用钱大作战

项目	金额	时间	时间	时间
打扫浴室	5元	3/8	3/9	
洗碗	5元	3/1	3/8	

把帮忙做家务跟零用钱结合在一起也是一种方法。

重点2 在家中贯彻金钱管理的理念

嗯，我知道了。

我想纠正孩子乱花钱的坏习惯，如果他跑来找您要钱，请拒绝他。

请爷爷和奶奶协助。

好的。

麻烦你管好自己的钱包。

确定在家中负责账务的人。

· 小贴士 ·

孩子如果太常请客招待朋友，可能潜在着霸凌的危机。父母除了和校方密切联系之外，也要留意孩子会不会从家里拿钱。

39

孩子容易喜新厌旧

小秀在反复练习同一件事情时，经常耐不住性子。例如，学习生字时，作业中有一项是每个生字要练习写 5 遍，但他写了两三遍之后，字迹就变得凌乱起来，或是双脚、脖子开始动来动去。做数学题也是，一开始的三四题还做得很顺，没多久却站起身，要不然就唉声叹气。不过，**在做自己有兴趣的实践作业时，却能很有耐心地、仔细地做好**，这让爸爸感到有些担心，不知道为什么会有这样的反差。

"再坚持一下,加油!""写漂亮一点。"爸妈常在小秀旁边鼓励、指导,但每次看到小秀越来越痛苦的表情,最后还是忍不住放弃说:"好吧,休息一下。"

原来孩子是这样想的

◆ 要做那么多吗?

◆ 再坚持一下是多久?

◆ 我已经很努力了啊。

重点 1　让孩子针对活动订立计划

①挑 3 个生字，各练习写 3 遍。
②休息一下喝饮料。
③再挑 2 个生字，各练习写 2 遍。
④休息一下跟爸爸玩"石头、剪刀、布"。
⑤……
⑧结束。可以看电视。

做完就可以跟爸爸玩"石头、剪刀、布"……我会加油的！

配合孩子专注力持续的时间来订立计划。

好，再来 10 秒钟写一个字。10、9、8、7……

嗯。10 秒钟。

预测时间也是一项重点。

重点2 将整体任务分成多个部分

数学题
① 3×8　⑪ 7×8
② 4×5　⑫ 8×9
③ 5×3
④ 6×9
⋮　　⋮
⑩ 9×5　⑳ 9×9

×

怎么有那么多……

数学题一
① 2×3　④ 7×4
② 3×3　⑤ 8×3
③ 4×5

○

先做5题。

嗯，全都答对。接下来再加油。

做好一张了。

细分成多个部分，评分的机会也多了两三倍……

· 小贴士 ·

一般最常用到的学习方法就是一遍遍重复，不过，有些孩子对不断重复单调作业来学习的过程感到很难受。最好想一些办法来调整这样的状态。

40

孩子对环境特别敏感

小拓总是**对某些一般人不以为意的事情无法忍受**。比如在学校,一到营养午餐时间,他会躲在教室角落,屈着身子抱住头。问他怎么了,他的回答是"**牛奶瓶互相碰撞的声音真让人受不了**"。他跟弟弟吵架时,弟弟恶作剧拿橡皮擦丢到他,他也会缩起身体动弹不得,或**表现出真的很痛的样子说:"(被橡皮擦打到的)手断掉了**"。然而,他也会很用力地戳弟弟的头。

父母看到小拓缩起身子时,会跟他说:"没这种事吧""不要紧的",然后拉开他捂住耳朵的手。在他说"手断掉了"时,也只是说一句"哪有那么夸张",并不当一回事。

原来孩子是这样想的

- 我明明耳朵就很痛呀。
- 这个声音能不能停下来呀,我头快爆炸了。
- 我真的觉得手快断了。

重点1 观察孩子的状况，了解孩子不舒服的原因

啊！耳朵好痛。

难道他受不了铃声吗？

每次一到整点就……

好难受啊。

衣服标签碰到皮肤让他不舒服吗？

判断出什么样的状况让孩子感到难受。

重点2　思考如何帮孩子减轻不适

快到整点时间了，你回房间听自己喜欢的音乐吧。

嗯，好。

其它也可以……

耳塞

耳机

带耳机听音乐

用质地柔软的东西遮住衣服标签。

把标签剪掉。

·小贴士·

有些我们觉得没什么的东西，会让孩子感到非常不舒服。面对这种状况，一味要求孩子"要忍耐""一会儿就会适应"也太没道理。这和一天到晚听着指甲抓黑板的声音，还被要求忍耐的状况差不多。

直面亲子互动关键区

重点1 有时候要从孩子的角度来思考问题

02	把幼儿园的东西带回家	28	不安分
05	经常受伤	32	借口很多
10	经常一个人玩	35	经常感觉受欺负
22	即使下了指示也不会马上去做	40	对环境特别敏感
23	说起话来天马行空		

即便是相同的状况，有时站在父母的角度和站在孩子的角度看起来是不一样的。例如，对于将东西收拾起来，孩子会误以为东西永远消失不见。

此外，父母认为"小孩子应该要跟朋友们一起玩"，但有些孩子跟多人共处时会感到不自在；看似不听话的孩子，其实也不是故意的，他可能完全不认为自己做出了什么惹人生气的行为。

进入青春期之后，一方面孩子希望获得他人了解的心情更加强烈，另一方面他们也容易因为一点小事受伤。

与其勉强将成人的价值观加诸孩子身上，倒不如顺应每个孩子的想法来调整转变。

重点2　有时候以大人的节奏来处理

01　对想要的东西不死心，还容易发脾气	13　离不开妈妈
04　经常走丢	26　动不动就耍赖
07　不会切换时间和情绪	31　不遵守家规
09　一股脑儿地说自己喜欢的事情	

　　孩子有时会有无论如何都想要的东西、想做的事以及想说的话，但父母不可能永远有求必应。如果孩子总能达到目的，那么，"获得大人承诺，有时必须忍耐""对他人让步"等这些生活中必须的"规则"会越来越难养成。规则不但要订得明确，父母也要花点心思让孩子遵守。

　　当家长责骂孩子时，情绪会十分焦躁，有时会脱口而出一些实际上不可能实现的威胁，这样的做法完全没用。情绪不好时跟孩子适度保持距离也很重要。

　　此外，"不听话的话就要××！"类似这种出"黄牌"的举动，必须要在之后跟随"红牌"的出现才有效。如果不是言出必行，也会被孩子识破。

重点3 养成习惯，必须持之以恒

- 11　不肯睡觉
- 12　非常挑食
- 15　吃饭花太多时间
- 16　无法养成每日习惯
- 19　不会整理自己的物品

大多数人认为婴幼儿只要困了自然会睡，其实如果环境不舒适，小孩子有时也不肯睡。此外，有些大人觉得孩子长大之后自然就会吃各种食物，于是在孩子小时候只提供孩子爱吃的东西，最终孩子却养成无法戒除的偏食习惯。

大人认为一些必要的日常生活习惯，孩子可能只感到麻烦。想让孩子养成习惯，大人必须要花点心思，想出让孩子能接受的方式，并且要持之以恒。

重点4 累积"做得到"的经验突破瓶颈

> 14　不会自己换衣服
> 17　不会巧妙运用双手
> 27　面对多项指示时没办法全都做好
> 34　一个人时就不用功
> 36　经常半途而废

　　类似换衣服、学习这种行为，有时孩子只能做到某个阶段，接下来的步骤就不会，在这些瓶颈中其实都隐藏着问题，需要大人及时关注。如果置之不理，孩子会因为不断重复失败的经验，认为自己做不到，会认为"都是自己不好"。于是从一开始就放弃了。

　　将一项作业分成几个小步骤，让孩子慢慢累积"做得到"的经验，这种做法看似是在"绕远路"，其实是一种迈向目标的方法。

重点5 "没关系，算了吧"是一句有魔法的话

```
06    特别不服输
30    完美主义
```

孩子的价值观经常反映出大人的价值观。要求孩子完成超出能力范围的事，让孩子"一定要这样才行"，这样会让孩子和大人在日常生活上处处有困难。无论大人或孩子，都需要在某些时间、场合，学会"得过且过"，适可而止。

重点6 比起训斥，更重要的是教导孩子该怎么做

- 03 不遵守秩序
- 08 不了解对方的情绪或状况
- 20 不遵守跟朋友的约定
- 21 一生气就动手
- 24 经常误解别人的意思
- 25 经常丢三落四
- 33 不会决定事情的优先顺序
- 37 无法拒绝不喜欢的事

孩子不遵守秩序、说了不该说的话或是不会控制自己的情绪，类似这些状况下，父母因为不希望孩子这样，经常会当场"说教"。此外，如果孩子一生气就对朋友动手，这种事也很让家长伤脑筋。

然而，这种情况通常也是孩子成长的好机会，如果能借机具体指导孩子该怎么应对，如何与他人互动，下次该怎么做才不会失败，会比单纯训斥更有效。

重点7　孩子的学习模式各有不同

> 29　一个人做事没有进展
> 39　容易喜新厌旧

　　有些孩子做事时不善于订出先后顺序，对于成果却有一定程度的想象力；相反地，有些孩子条理清晰，看到事情就了解了该如何去做，却想象不出成果是怎样。另外有些孩子擅长通过重复相同的事物来学习；有些孩子却对重复做一件事感到很痛苦。应该要针对每个孩子的特性，找出他们适合且擅长的学习模式。

重点 8　可找专家讨论，寻求其他人的协助与配合

```
18    口齿不清
38    经常乱花钱
```

当孩子出现让父母担心的行为时，有时背后会有父母意想不到的原因。家长千万不要独自烦恼，应该寻求身边其他人或专家的意见，说不定能找到解决方法。

解决孩子成长难题

- ◆ 责备、夸奖孩子的方式
- ◆ 孩子有较多令人担心的行为
- ◆ 觉得孩子可能发展迟缓
- ◆ 医疗机构可以提供的协助
- ◆ 与幼儿园或学校的沟通

Q&A

Q1 遇到孩子不听话,我都忍不住生气,难道真的不能训斥孩子吗?

A1

本书从头到尾介绍了很多不用训斥也能支持孩子的方法。

然而,这并不表示完全不能训斥孩子。当孩子遇到危险,或是做出父母认为不可原谅的事情时,有些状况下不得不训斥。也就是说,重点在于针对什么样的状况、在什么时候、用什么方式训斥。

最重要的就是保持一致性。如果针对孩子同样的行为,有时睁一只眼闭一只眼放过,有时却严厉训斥,像这样没有一致性的话,会让孩子无所适从。此外,**在批评训斥之前最好先冷静几秒钟**,想想孩子为什么会这么做,这一点也很重要。

在本书中也提过,大人如果常用"你要是那样做,我就……"但是实际上不会执行的"威胁"性语言训斥孩子,久而久之,孩子就会知道"反正爸妈不可能这么做",便不再相信大人说的话。

此外,大人在训斥孩子时很容易情绪激动,把之前的事情也翻出来说,这种行为也可能造成孩子日后不再听话。

再者,要是妈妈已经出口责备孩子,这时在一旁的爸爸也来帮腔,将会造成孩子无处可逃。

另一方面,若是训斥时一味强迫孩子道歉:"还不说对不起?"这种方式会让孩子误以为"只要道歉就没事了",而大人也只会满足于接受道歉的结果。

要让孩子在往后相同的状况下不会做出同样的行为,训斥并非最有效的方法。

Q2 我也知道称赞孩子很好，却不懂得该怎么称赞才恰当？

A2 ....

当家长觉得"没什么好称赞"时，也需要积极制造称赞孩子的机会。

比方说，本来希望孩子能独立做完功课，但平常不太肯乖乖坐在书桌前的孩子，只要他能坐到书桌前面，就可以对孩子说："真棒，自己乖乖坐到桌子前面。今天有哪些功课呢？"**就从孩子目前能做到的事情开始称赞。**

每个人在受到他人称赞时都会很高兴，因为受到称赞，接下来就想要更努力。

只不过，父母也要根据孩子的年龄变化调整称赞的方法，如果总是用同一套，久了之后对孩子可能没有激励作用了。此外，像是"真棒""很好"这类泛泛而谈的称赞，可能也不如针对细节的具体称赞更有效。

另外，如果事情过了一星期，家长才说："对了，上次……"孩子可能就没什么感觉。**记得别错过称赞的时机。**

Q3 我们家孩子就跟书上讲的一样,有一些"问题",一直令我很担心。如果这类行为很多,是不是可能妨碍孩子发展呢?

A3

本书中列举的40个项目,其实是在患有多动症、阿斯伯格症(无智能障碍的自闭症)、学习障碍以及自闭症等发展有障碍的孩子们身上常见到的特征。然而,从另一个角度来看,书中提到的这类"问题"或"令人担心的行为",事实上在每个人身上可能多少都存在。

如果是妨碍孩子发展的话,会在出生时或是婴幼儿早期就出现一些特征。这些特征会伴随着孩子一生,原因并非出在育儿的方式或教育环境上,而是脑部功能出现障碍。然而,就目前的医学状况,依旧很难断定出真正的原因。

有些孩子会出现跟发展障碍儿童类似的特征,但这些症状只是暂时性的,会随着年龄增长自动消失,在孩子发展上就不构成障碍。

Q4 该怎么样才知道是否对孩子发展构成障碍呢？

A4

孩子是否有发展障碍，只有医疗机构才能诊断。然而，以目前的状况来说，因为发展障碍的真正原因尚未找到，因此也没有根本的治疗方法。

举例来说，治疗感冒要吃药、摄取营养以及充分休息。但发展障碍儿童却无法用这类方法"治愈"，恢复到毫无障碍的状态。

重点在于了解具有发展障碍的孩子在哪方面不擅长。接下来，在孩子不擅长且影响一般生活的事项上，思考如何应对，从而提供改善方法帮助孩子慢慢适应社会，使他们的日常生活更顺利。

Q5 到医院可以做些什么？

A5

在医院里，医生可以观察孩子的行为，对孩子进行各类智能及心理检查，加上听取家长的说明，对孩子的整体状况会有所了解。

在诊断出孩子的状态后，医生会判断是否需要使用药物。

不过，光是诊断出孩子有某一障碍，家长也不能就此了解接下来在日常生活中该如何与孩子互动，才能帮助孩子成长。根据诊断结果，可以请医疗机构人员指导家长，在日常生活中思考哪些事项是孩子成长中需要关注的重点，这样才能让孩子的生活过得更轻松。另外，也可以根据实际需要了解其他咨询机构。

发展障碍的孩子之中有些因为无法忍受一点点失败而造成生活范围狭隘；有些因为特殊的感觉无法过团体生活；也有孩子因为失败经验过多导致自尊心低落；还有孩子在反复不愉快的经验下情绪不稳，孩子只要遇到一点点状况就容易情绪激动，无法自我控制，伤害朋友和自己。

有孩子出现上述情况时，可以到医疗机构就诊，请医生开具适当的处方，从而缓和严重的症状。

Q6 学校老师说我的孩子可能有发展障碍，建议尽快到医院或咨询机构去看看。请问应该立刻去吗？

A6

有时候只有周围的人干着急，不知道该怎么办才好，但孩子本身却丝毫不以为意，表现出一副若无其事的模样。

其实，在生活中遭遇困难的孩子，很可能也会表现出没事的样子，如果家长不能察觉到一些蛛丝马迹，很可能导致孩子从开始的问题衍生出二次障碍。

极端一点的话，孩子日后很可能出现反社会或不为社会所容的行为。这么一来，不仅孩子本身，就连周围的人都会受到波及，毁了整个人生。因此，及早识别出孩子的发展障碍症状是很重要的。

Q7 该怎么做才能获得幼儿园或学校的理解？

A7

首先，最了解孩子的监护人，要把孩子的喜好、擅长的事项、缺点及不喜欢的事物等，也就是把自己孩子的详细信息告诉班主任，以及管理人员、教导人员等。更重要的是保持积极的态度，与园方或校方讨论可行的教育方式，或者与各个相关人士讨论在幼儿园及学校里能为孩子提供什么样的帮助。

后　记

在育儿过程中常会出现不知道"该怎么办",或是忍不住让人大骂的状况,本书中提供了一些不同的角度来看待这些状况,并且给出了一些跟孩子互动的提议。在最后"Q&A"中提到了孩子有发展障碍时的一些症状,或许有些家长看到孩子出现类似的症状,会担心自己的孩子可能有发展障碍。

我重申一次,本书中列举的这些"问题""令人担心的行为",其实在每个人身上都多多少少会出现。无论是谁,个性中都有优缺点,有时候跟其他人用相同的方式不一定学得会,但只要稍微改变一下,就能学得好。或许可以将这样的特色视为个性的一部分。

以小学的数学课为例,过去课堂上老师只教最普遍的一种解题方法,然后就不断地运用这个方法让孩子反复练习。大多数人都会采取这种教学方式。

不过,观摩过现在的数学课发现,老师出了题目之后,通常会问大家该怎么解题比较好,接下来班上的小朋友就会运用学过的所有知识,来思考解题方法。这么一来,一些思考富有弹性的孩子会给出各式各样惊人的思路，孩子们还能从中选择自己容易理解的方法。过去"要这样做才对"的方式下，会有"不这么做就显得格格不入"的孩子；但"A和B都可以"的方法，则能适当保护每个孩子的个性。这也是我心目中理想的育儿方式。

那么，什么样的状况才是对发展构成障碍呢？我认为是在实际生活中出现一些困难，也就是本书中列举出的"问题"较多，或是程度上相对严重。此外，因为孩子自己无法发现这些缺点，也无从花心思改善而深受其苦。

在这种状况下，首先，身边的大人要能及时发现这些"问题"，接下来不是企图矫正，而是由大人和孩子一起思考该怎么样在接纳这些"问题"的前提下，让生活过得轻松一些。我认为最重要的是换个角度来看待事物。这一点在教养没有发展障碍的孩子时也一样。

请各位家长和孩子一样，用有弹性、富变化的想法来享受育儿之乐，更希望本书能贡献微薄之力。

小笠原惠